Adrienne Friedlaender

WILLKOMMEN BEI DEN FRIEDLAENDERS!

W0180633

Buch

Flüchtlinge: Ein Thema, nach wie vor so aktuell wie kaum ein anderes. Ein Thema, das polarisiert und Deutschland spaltet. Wir alle sehen täglich die Berichte in den Nachrichten, die vielen Bilder. So viele Flüchtlinge, und keiner weiß, wohin mit ihnen. Auf einen Jungen mehr kommt es auch nicht an, denkt sich Adrienne Friedlaender, Journalistin und alleinerziehende Mutter von vier Söhnen – und wenig später zieht der 22-jährige Moaaz aus Syrien bei ihr und ihren Söhnen ein. Von da an geht es noch turbulenter zu im Hause Friedlaender. In amüsanten Episoden erzählt sie vom Multikulti-Mix unterm Reihenhausdach, von fröhlichen, irritierenden und bewegenden Begegnungen. Integration ist vielleicht nicht immer einfach, aber auf jeden Fall immer bereichernd!

Autorin

Adrienne Friedlaender, Jahrgang 1962, ist freie Journalistin. Seit mehr als zehn Jahren schreibt sie Porträts, Kurzgeschichten, Interviews und Reisereportagen aus aller Welt für Tageszeitungen, Magazine und Online-Medien. 2017 erschien die gebundene Ausgabe ihres Buches »Willkommen bei den Friedlaenders!«, mit dem sie die SPIEGEL-Bestsellerliste eroberte. Adrienne Friedlaender lebt mit drei ihrer vier Söhne im Alter von neun bis 21 Jahren in Hamburg.

Besuchen Sie uns auch auf www.facebook.com/blanvalet und www.twitter.com/BlanvaletVerlag

Adrienne Friedlaender

Willkommen
BEI DEN
FRIEDLAENDERS!

Meine Familie,
ein Flüchtling
und kein Plan

blanvalet

Verlagsgruppe Random House FSC® N001967

1. Auflage
Copyright der Originalausgabe © 2017 by Blanvalet
in der Verlagsgruppe Random House GmbH,
Neumarkter Str. 28, 81673 München
Umschlaggestaltung: semper smile, München
Umschlagmotiv: Shutterstock.com (© Lemberg Vector studio;
© CatyArte; © JOAT; © Dora Zett; © Igor Iakovlev; © Alina G)
JaB · Herstellung: sam
Satz: Uhl + Massopust, Aalen
Druck und Bindung: GGP Media GmbH, Pößneck
Printed in Germany
ISBN 978-3-7341-0689-7

www.blanvalet.de

Inhalt

Ich habe einen Flüchtling at home. Und das bedeutet nicht nur, ihm ein Zimmer, Schutz und Geborgenheit zu geben, sondern auch, ihn mit Händen und Füßen, Herz und Verstand mit dem deutschen Alltag vertraut zu machen.

Manchmal geht das ganz einfach. Dann wieder macht man sich einfach zu viele Gedanken …

»Zum Pinkeln hinsetzen«, gab ich in den Google-Übersetzer ein. Auf der rechten Seite erschienen wunderschöne arabische Zeichen, deren Sinn sich meinem syrischen Ziehsohn allerdings nicht erschloss. Er blickte mich aufmerksam an und zuckte dann schüchtern mit den Schultern.

Ich versuchte es noch einmal und tippte: »Nicht im Stehen urinieren.« Aber das Übersetzungsprogramm war offenbar mit den Kloregeln überfordert. Moaaz' Gesicht war ein einziges Fragezeichen.

Ich bat ihn, mir ins Badezimmer zu folgen, positionierte mich mit angewinkelten Beinen in eindeutiger Haltung vor dem Klo, hielt mit einer Hand meinen imaginären Schniedel Richtung Kloschüssel und pendelte mit dem Zeigefinger der anderen Hand: »We don't like it this way in our house.« Dann drehte ich mich um und setzte mich auf die Brille. »It's better like this.«

Moaaz sah mich verblüfft an, dann grinste er. »That's normal«, antwortete er, während ich mir wie eine Vollidiotin vorkam.

Monate später ist mir klar: Es gab und gibt weniger Trennendes als Gemeinsames zwischen uns Menschen, egal, woher wir kommen. Wir alle haben unsere Ideen und Regeln, nach denen wir zu leben gewohnt sind, und wenn die mit denen anderer Kulturen zusammentreffen, kann es lustig werden, manchmal anstrengend und zum Haareraufen sein oder auch tief berührend ... Immer aber ist es eine Chance, sich selbst neu zu sehen und zu hinterfragen. Und darüber hinaus ein ganz besonderes Abenteuer, von Mensch zu Mensch ...

I

Wir holen »unseren Flüchtling« ab

*Die Kinder wecken mein Gewissen. Wir fahren in die
Erstaufnahme für Flüchtlinge, um einen Eindruck
zu bekommen, uns umzuschauen, und merken sofort:
Das hier ist kein Tierheim. Moaaz muss da sofort raus.*

Und nun stand ich hier also im Matsch vor den Containern,
die ich sonst nur von der A7 aus im Vorbeifahren gesehen
hatte. Meine beiden jüngsten Söhne waren mitgekommen:
der achtjährige Johann und der zwölfjährige Juri. Sie wollten sehen, wie die Flüchtlinge lebten, von denen alle Welt
sprach, und vor allem natürlich dabei sein, wenn wir den
jungen Mann kennenlernten, der ihr Ziehbruder auf Zeit
werden könnte. Die beiden standen an der Schranke und
sahen sich neugierig um. Es hatte seit Tagen geregnet, der
Boden war vom Novemberregen aufgeweicht. Das dunkle
Herbstwetter passte zur trostlosen Stimmung in der Flücht-
lingsunterkunft. Dutzende junger Männer in Jogginghosen
und mit Badelatschen standen überall herum, daddelten an
ihren Handys, telefonierten, versuchten, Kontakt aufzunehmen zur Familie, zu Freunden, zu wem auch immer. Eine
Handvoll Sicherheit. Die einzige Verbindung zur Heimat.
Wir waren in der Hamburger Erstaufnahmeeinrichtung Schnackenburgallee gelandet, weil meine Freundin

Marion hier als Kunsttherapeutin mit Kindern arbeitete. Über die Wochen und Monate hatte sie einige Kontakte geknüpft, Freundschaften geschlossen und mir nun auch den Namen des jungen Mannes genannt, den wir hier gleich treffen wollten. Ich pfriemelte einen Papierschnipsel aus der Hosentasche und nannte dem Pförtner den fremd klingenden Namen. Ohne Einladung kam keiner hinein in die Containerstadt. Der Pförtner tauschte meinen Ausweis gegen einen Besucherschein, und wir durften die fremde Welt betreten.

Wie waren wir überhaupt hierhergekommen? Die Berichte in den Nachrichten, die vielen Bilder der Flüchtlinge in überfüllten Booten, vor hohen Zäunen campierend... So viele Menschen, und keiner wusste, wohin mit ihnen. Und dann fragte Juri eines Tages: »Warum nehmen wir eigentlich niemanden auf? Alle reden immer von Mitleid und wie schrecklich all das für die armen Flüchtlinge ist, aber keiner will sie ins Haus lassen. Finde ich eigentlich echt komisch.«

Auch ich hatte schon zigmal darüber nachgedacht, wie es wohl wäre, einen Flüchtling in unserer Familie aufzunehmen. Wie es wohl wäre, mit einem fremden Menschen aus einer ganz anderen Kultur mit einer anderen Geschichte unter einem Dach zu leben. Frauenbild, Glaube, Essen, Kleidung – alles so fremd. Was wusste ich schon vom Nahen Osten, von arabischer Lebensweise? Ich sprach mit Freundinnen über die Idee.

»Hast du gar keine Bedenken, mit einem Muslim unter einem Dach zu leben? Wer weiß, ob du ihn jemals wieder loswirst? Was ist, wenn er unter einer Posttraumatischen

Belastungsstörung leidet? Man hat doch schon so oft davon gehört, dass das zu unkontrollierten Wutausbrüchen und wer weiß was führen kann ... Und was ist dann? Oder wenn irgendwelche anderen Probleme auftauchen? Hast du als Alleinerziehende mit deinen Söhnen nicht schon genug um die Ohren?«, fragten sie. Aber all die Skrupel und Vorbehalte gefielen mir nicht. Nicht in meinem Umfeld und noch weniger bei mir selbst. Jahrelang hatte ich mit meinen vier Jungs allein zusammengelebt und jede Menge Dinge erlebt, die mir als Frau ebenfalls mehr als fremd waren. Trotzphase, Fäkalsprache, Du-bist-so-peinlich-Phase, Pubertät – einer spann irgendwie immer bei uns im Haus ... Und egal aus welchem Land, schließlich war auch ein junger Flüchtling nur ein Heranwachsender. Oder?

Ich fühlte mich ertappt von meinem Sohn mit all meinem Zögern, den Skrupeln und Vorbehalten. Ein paar Tage später erzählte mir meine Freundin Marion, dass sie Hussein, einen vierundzwanzigjährigen Juristen, bei sich aufgenommen habe. Sie hatte ihn angesprochen, als er im »Kunstzelt« der Erstaufnahmeeinrichtung gesessen und Klavier gespielt hatte. Ein paar Tage später hatte Marion dann mit und bei einer deutschen Freundin einen syrischen Abend organisiert. Hussein war dabei gewesen. »Wir haben zusammen syrisch gekocht und einen schönen, fröhlichen und sehr persönlichen Abend verbracht. Und es hat mich wahnsinnig traurig gemacht, Hussein und meine anderen syrischen Freunde danach wieder in die Schnackenburgallee zurückzubringen«, schilderte Marion mir ihre Gefühle. »Die halbe Nacht habe ich wach gelegen und gegrübelt. Dann habe ich meine Familie am nächsten Morgen gefragt, was sie davon halten, Hussein bei uns aufzunehmen. Alle waren sofort einverstanden.«

Ein Gästezimmer gab es in Marions Haus nicht. Aber ein Arbeitszimmer für ihre verschiedenen Kunstarbeiten und Projekte. Das räumte sie zwei Tage lang leer, holte Schrank und Bett aus dem Keller, richtete alles gemütlich her und holte Hussein ab.

Und plötzlich passte auch für mich alles zusammen. Meine Kinder waren aus dem Gröbsten raus, Justus, mein Ältester, bereits ausgezogen. Alles im Leben hat seine Zeit. Und ich hatte das Gefühl, dass jetzt für mich die Zeit gekommen war, einmal ein wenig zurückzugeben von unserem Glück. Denn Glück hatten wir tatsächlich. Glück, in einem Teil der Welt geboren worden zu sein und zu leben, in dem nicht jeden Tag das eigene Leben bedroht ist, in dem Sicherheit und Frieden selbstverständlich sind.

Ich hatte mir oft vorgestellt, wie es andersrum wäre. Wie es mir gehen würde, wenn mein Sohn fliehen müsste. Mit unbestimmtem Ziel und der Angst, ob er überhaupt irgendwo lebend ankäme. Wie dankbar wäre ich einer anderen Mutter am anderen Ende der Welt, die ihn aufnehmen würde.

Justus war einundzwanzig Jahre alt und nach Berlin gegangen, um Schauspiel zu studieren. Juri, der sich vorher mit Johann ein Zimmer teilen musste, hatte sein Zimmer übernommen. Aber das konnten wir vorübergehend natürlich auch wieder rückgängig machen. Vorausgesetzt, alle Kinder wären einverstanden, einen Flüchtling aufzunehmen. Denn für mich war klar: Nur gemeinsam, als ganze Familie, war so ein Projekt möglich.

Familienrat war angesagt. Im Gegensatz zu mir zerbrachen sich die Jungs nicht lange den Kopf, sondern waren sofort begeistert von der Idee zu helfen. Juri und Johann waren direkt bereit, sich wieder ein Zimmer zu teilen. »Und ich schlafe dann einfach auf dem Sofa, wenn ich am Wochenende nach Hause komme«, verkündete Justus. Meinem achtzehnjährigen Jonah lag vor allem am Herzen, dass wir auf gar keinen Fall eine junge Frau aufnähmen, sondern einen Jungen, damit er gut in unseren »Männerhaushalt« passte. Ich hatte insgeheim sehr mit einem Mädchen geliebäugelt. Was für eine schöne Idee, einmal ein weibliches Wesen um mich herum zu haben. Aber mir war klar, dass ein Junge einfacher zu integrieren sein würde. Und dann waren wir uns alle sehr schnell einig: Auch wenn unser Haus nicht riesig war, so war es doch groß genug, um einen Menschen mehr unterzubringen. Alles andere würden wir dann schon hinkriegen. Auf einen Jungen mehr im Haus kam es jetzt irgendwie auch nicht an.

In der Erstaufnahmeeinrichtung sahen Juri und Johann sich mit großen Augen um. Bislang hatten sie nichts Ähnliches gesehen in ihrer kleinen heilen Welt.

»Besser als im Krieg, aber nicht gerade ein schöner Ort zum Leben, oder, Mami?«, meinte Juri und blickte mich unglücklich an. Besser konnte man es nicht sagen. Sicherheitspersonal patrouillierte durch die Gänge zwischen den Containern. Kinder liefen mit Greifzangen umher und sammelten offensichtlich in Eigeninitiative Müll auf. Die jungen Männer, die bei winterlichen Temperaturen mit Flip-Flops im Nieselregen vor dem Container standen, waren zwar dem Krieg entkommen und mussten nicht mehr täg-

lich um ihr Leben bangen, aber die Angst um die Zurück-
gebliebenen und die Traurigkeit über den Verlust der Familie standen in ihren Gesichtern geschrieben.

Ich nahm meine Söhne links und rechts an die Hand,
und wir fragten uns durch zur Kantine, wo wir meine
Freundin und den einundzwanzigjährigen Moaaz treffen
sollten. Neugierige Blicke verfolgten uns. Hier in der kleinen Flüchtlingsstadt waren wir diejenigen, die anders aus-
sahen. Mit unseren hellen Haaren und blassen Gesichtern
waren wir die Fremden. Ein sonderbares Gefühl.

Dann entdeckten wir im Versorgungszelt, inmitten des
Gewusels von Menschen, die bei der Essensausgabe anstan-
den, an langen Tischen Tee tranken und Kinder fütterten,
Marion. Neben ihr wartete ein junger Mann, viel zu schmal
und mit viel zu traurigen Augen. Er musterte uns schüchtern, während Marion ihn uns vorstellte.

Wir setzten uns auf die einfachen Holzbänke. Moaaz
brachte mir einen Kaffee. Wie zuvorkommend! – Er selbst
trank nichts. Seine Hände zitterten, als er mir den Papp-
becher überreichte. Vor Aufregung, vermutete ich. Dann
saßen wir uns erst einmal wortlos gegenüber. Juri und
Johann musterten den jungen Mann, der seine Cap ver-
kehrt herum auf dem Kopf trug und abgesehen vom Bart
und dem etwas dunkleren Teint eigentlich genauso aussah
wie andere große Jungs auch.

Ich hatte mir vorgestellt, wir würden miteinander plaudern, uns kennenlernen und dann in weiteren Treffen ein
Gefühl dafür entwickeln, ob wir zueinander passten. Ob die
Jungs und ich uns vorstellen könnten, den jungen Flüchtling über den Winter in unser Haus aufzunehmen, und um-

gekehrt: ob Moaaz sich vorstellen konnte, zu einer fremden Familie zu ziehen. Was für ein naiver Quatsch! Dies war kein Besuch im Tierheim nach dem Motto: Wenn dieser uns heute nicht gefällt, kommen wir nächste Woche wieder und sehen uns vielleicht noch einen anderen an… In Moaaz' Blick lagen so viel Traurigkeit und Hoffnung – aus dieser Nummer käme ich emotional nie mehr raus. Mir wurde schlagartig klar, dass unsere Begegnung kein unverbindliches Treffen mit offenem Ende war. Ich war für Moaaz die einzige Chance, das Lager zu verlassen, ein neues Zuhause zu finden – seine Eintrittskarte in ein neues, halbwegs normales Leben. Und obwohl ich lange über meinen Entschluss nachgedacht hatte, wurde mir nun plötzlich doch ein wenig mulmig.

Juri zog meinen Kopf herunter und flüsterte mir ins Ohr: »Können wir ihn bitte jetzt sofort mitnehmen, Mami? Bitte!«

»Könntest du dir vorstellen, bei uns in der Familie zu wohnen?«, fragte ich Moaaz auf Englisch. Moaaz guckte mich fragend an. Er sprach nicht fließend Englisch, und ich konnte ihm ansehen, dass er nicht sicher war, ob er die Worte richtig verstanden hatte. »Wenn du jetzt gleich mit zu uns nach Hause kommen möchtest, warten wir hier so lange, bis du deine Sachen gepackt hast«, versuchte ich es noch mal. Moaaz sah mich ein paar Sekunden ungläubig an. Dann sprang er auf und sauste los. Eine halbe Stunde später saß er mit drei Plastiktüten neben Juri und Johann auf dem Rücksitz unseres Nissans. Keine Anträge, keine Formulare, keine Bürokratie. Die Erstaufnahmeeinrichtungen waren voll, die Mitarbeiter überlastet. Wir hinterließen einfach unsere Adresse und Telefonnummer – das war's. Residenzpflicht oder andere Auflagen gab es zu diesem Zeitpunkt nicht.

»Habt ihr ein Haustier gehabt?«, fragte Juri, als wir schon fast zu Hause angekommen waren. »Dort, wo du gewohnt hast, meine ich.« Ojeee. Was ich nicht bedacht hatte, war, Moaaz zu erzählen, dass zu unserer Familie nicht nur vier Jungs, sondern auch ein großer Hund und ein Kater gehörten. »Wir haben einen Hund. Carlo heißt er«, erklärte Juri.

»Juri, sag ihm, dass er groß und wild ist und manchmal auch ein bisschen durchgeknallt«, fügte Johann kichernd hinzu. Zum Glück war Juri nicht in der Lage, »wild« und »durchgeknallt« zu übersetzen. Trotzdem konnte ich im Rückspiegel beobachten, wie Moaaz' große braune Augen noch größer wurden.

»Phobia – catphobia«, flüsterte er.

Ich hatte mir über alle möglichen Dinge Sorgen gemacht, aber nicht über unseren alten Kater. Was eine Katzenphobie bedeutete, wusste ich allerdings von meiner Exschwiegermutter. Damit war keineswegs zu spaßen. Oma Marietta erstarrte bereits zur Salzsäule, wenn unser armer Kater, der ohnehin schon vor jedem Omabesuch aus dem Haus verbannt wurde, auch nur durch die Fensterscheibe spähte. Und ganz sicher würde ich es mir nicht antun, rund um die Uhr dafür zu sorgen, dass Junge und Kater sich nicht begegneten. Und jetzt erinnerte ich mich auch noch, irgendwo gelesen zu haben, dass Hunde im Islam sogar noch schlechter abschnitten als Katzen. So grotesk es für mich wäre, eine Burka zu tragen, so absurd sollte es einem Muslim erscheinen, mit einem Hund unter einem Dach zu leben. Aber bei allem Enthusiasmus zu helfen – von unseren Tieren würden wir uns nicht trennen. Hätte ich mich intensiver mit dem islamischen Glauben auseinandergesetzt, hätte ich es gewusst. Anfängerfehler! Mein Fuß wechselte automatisch vom Gas zur Bremse.

»Möchtest du, dass ich dich zurückbringe, Moaaz?«, fragte ich vorsichtig. »Es tut mir leid!«

Moaaz schüttelte den Kopf. Umkehren und zurück in den Container gehen kam für ihn nicht mehr infrage. Genau wie wir war er wohl bereit, sich auf neue Erfahrungen einzulassen.

Unser Carlo zeigte sich dann auch gleich von der allerbesten Seite. Er tobte wie ein Wahnsinniger, als wir mit Moaaz nach Hause kamen. Carlo ist der lustigste, kuscheligste und freundlichste Hund unter dem Hundehimmel, aber leider auch der ängstlichste. Ich glaube, wenn man ihn seiner ursprünglichen Berufung, der Jagd, zugeführt hätte, wäre er beim ersten Gewehrknall an Herzversagen gestorben. Seine Angst zeigt er leider durch hysterisches Knurren und Bellen. Dabei geht er gleichzeitig rückwärts Richtung Kellertreppe, um sich in Sicherheit bringen zu können. Aber wen interessieren schon Carlos Beweggründe? Für Fremde zählt das Ergebnis, und das sieht erst mal gefährlich aus.

Juri nahm Carlo beiseite und versuchte, ihn zu beruhigen. Ich schimpfte und versuchte, ihn mit strengem Ton zur Ruhe zu bringen. Was für ein gastfreundlicher Empfang. Und wie auf Bestellung tauchte nun auch der Kater auf. Aber er guckte keineswegs nur bescheiden durchs Fenster, sondern strich vorwurfsvoll miauend um unsere Beine. Er hatte mit seinen siebzehn Jahren bereits die übliche Katzenlebenserwartung überschritten, war zwar noch recht fit, wurde aber langsam wunderlich. Dazu funktionierte seine Verdauung nicht mehr richtig, was zur Folge hatte, dass er von morgens bis abends, vor und nach dem Fressen, lautstark Nahrung forderte. Ich kannte viele vorgefertigte Meinungen über Araber und Muslime. Aber jetzt erfüllten *wir* erst einmal das Klischee, dass Europäer unrein sind und mit unfreundlichem Viehzeug unter einem Dach leben.

Moaaz stand einfach nur da. Ohne etwas zu sagen, ohne sich zu bewegen. Er hatte gewiss größere Katastrophen erlebt in den letzten Monaten als bellende Hunde und wartete geduldig ab, wie sich die Situation entwickelte.

Johann flitzte in sein Kinderzimmer, packte schnell Lego, Kuscheltiere und ein paar Bücher zusammen und räumte seine übrigen Spielsachen in die Schubladen.

»Wenn ich meine Autos oder meine Kuscheltiere brauche, darf ich doch schon mal ab und zu in mein Zimmer gehen, oder, Mami?«

Ich bezog das Bett, gab Moaaz Handtücher. Was brauchte unser neues Familienmitglied noch für die erste Nacht?

»Ich bringe ihm Deutsch bei«, schlug Juri vor. »Ich habe eine super Idee!« Er durchwühlte unsere Schulschublade, schnappte sich einen Post-it-Block und setzte sich an den Wohnzimmertisch. »Spiegel«, »Stuhl«, »Sofa«, »Kühlschrank«, »Herd«, schrieb er eifrig auf die kleinen gelben Zettel und heftete sie überall an die entsprechenden Gegenstände. Auf dem Rundgang durchs Haus las er Moaaz stolz die Wörter vor.

Wir beendeten die kurze Einführung in der Küche.

»Bist du hungrig? Möchtest du etwas essen? Joghurt, Müsli, Nudeln? Ich könnte einen Salat machen, oder Tomaten mit Mozzarella?« Ich schaute ratlos in den Kühlschrank und überlegte, was Moaaz schmecken könnte. Ich hatte ja keine Ahnung von der arabischen Küche. Und außerdem war es gar nicht mein Plan gewesen, Moaaz bereits heute mitzunehmen. Ich nahm mir vor, morgen als Erstes mit unserem neuen Familienmitglied in den Supermarkt zu fahren.

Moaaz schüttelte den Kopf. Vielleicht weil er sowieso nur die Hälfte verstand und nichts anfangen konnte mit den aufgezählten Vorschlägen, vielleicht weil er mir keine Arbeit machen wollte.

»Wie wär's mit einem Toastbrot?«

Moaaz lächelte. Und verschlang die erste von tausend Scheiben ungetoasteten Weißbrots mit Marmelade. Danach verschwand er in seinem Zimmer.

Zum ersten Mal seit vielen Monaten ein richtiges Bett. Zum ersten Mal allein. Zum ersten Mal sicher und ganz in Ruhe schlafen. Als Johann und Juri ihm eine halbe Stunde später einen Tee und ein paar Naschis für die Nacht bringen wollten, schlief er schon. Zusammengerollt, noch immer in seiner Jogginghose.

Immer bereit sein, um davonzulaufen, wenn Gefahr droht, dachte ich. Und es erfüllte mich mit großem Glück, Moaaz in unserem Haus zu haben.

2

Moaaz: ein Geschenk Allahs für die Oma

Handküsse und Ehrfurcht – Achtung vor dem Alter ist selbstverständlich für Moaaz. Das genießt unsere Großmutter in vollen Zügen. Küchen-Gedanken über das Frauenbild im Islam.

»Ich interessiere mich sehr für Politik. Verstehst du? POLITIK. Es ist ja so interessant, was alles in der Welt passiert. Ich meine, gerade jetzt mit all den Flüchtlingen und den Problemen und dem Leid und ...«

Wir hatten meine neunzigjährige Mutter zum Essen eingeladen. Und wenn die Oma zu Besuch ist, wird über Politik gesprochen. Ob wir wollen oder nicht. Und wenn Oma erst mal anfängt, über Politik zu reden – und das tut sie schon, während sie den Mantel auszieht –, kann man sie nicht mehr bremsen. Sie ist stolz darauf, die bestinformierte Frau in ihrer Senioreneinrichtung zu sein. Bei jedem Besuch beschwert sie sich über die nichtinteressierten Mitbewohner und hat auch großen Spaß daran, das Wissen ihrer Familie zu prüfen. Sie zitiert von der wirtschaftlichen Situation bis zur Flüchtlingskrise die politischen Ereignisse aus der Tagespresse. Wobei sie jedes Ereignis mit den Worten beginnt: »Du weißt ja sicher ...« Und sich dann höllisch freut, wenn ich die Schultern zucke. Aber wir haben gelernt, mit der belesenen Oma umzugehen. Die Kinder schalten einfach auf Durchzug, und ich flüchte meist unter einem Vorwand in die Küche. Anders Moaaz. Respekt, Achtung und liebevolle Fürsorge für ältere Menschen haben einen enormen Stellenwert im Islam.

Also hörte er meiner Mutter aufmerksam zu, während er gleichzeitig versuchte, mit Gabel, Messer und Löffel irgendwie die Kontrolle über die Spaghetti zu erlangen.

Das Thema Frauen im Islam hatten wir kurz zuvor beim gemeinsamen Zubereiten des Sonntagsessens besprochen. Mohammed der Prophet hat gesagt: »Das Paradies liegt zu Füßen eurer Mutter.« Wer nicht das Wohlgefallen seiner Mutter erlangt hat, kann nicht in das Paradies gelangen. Gar kein schlechter Ansatz, fand ich. Einziger Haken: Der Ansporn, ins Paradies zu kommen, existierte für meine Söhne gar nicht. Sie lebten ja bereits im Hotel-Mama-Verwöhn-Paradies.

»Ich habe meiner Mutter jeden Morgen die Hände geküsst, bevor ich zur Schule gegangen bin. Und das sollten deine Jungs auch tun«, erklärte mir Moaaz auf Englisch, während er die Tomaten sorgfältig in kleine Stücke schnitt.

Ich bin eine Mutter, dazu von vier Söhnen! Und ich bin sehr alt, zumindest in den Augen dieses jungen Mannes aus Syrien. Eigentlich müssten mich meine Söhne rund um die Uhr küssen. Aber eigentlich sollten sie auch regelmäßig den Rasen mähen, ihre Zimmer aufräumen, weniger FIFA auf der Xbox spielen, sich aufs Abitur vorbereiten, sich nicht prügeln, mit dem Hund rausgehen, keine Schimpfwörter benutzen und in der Küche helfen. Eigentlich, eigentlich, eigentlich…

Nachdem mir bei Moaaz' Ankunft in der Woche zuvor klar geworden war, wie wenig ich über den Islam wusste, hatte ich ein wenig gegoogelt. Natürlich auch über die Rolle der Frau. Da stand neben all dem, was Moaaz mir mit Händen und Füßen erklärte, auch: Der Islam betrachtet jede Frau erst einmal als Mutter und dies als eine große Ehre. Wenn jemandem eine große Ehre zugeschrieben wird, besitzt er zugleich einen großen Wert. Kann man etwas für Geld kaufen und verkaufen, dann hat solch eine Sache keine Ehre und ist etwas Wertloses. Aus diesem Grund kann man eine Frau weder kaufen noch verkaufen oder zur Schau stellen. Dieser Passus könnte eventuell bei meinen Söhnen zu einem gefährlichen Umkehrschluss führen, überlegte ich: Wahrscheinlich sollte ich es lassen, dem Handküssen nachzuheulen, und einfach froh sein, dass sie mich nicht verkaufen konnten.

Nach Moaaz' Einzug hatte ich mir das Buch »Der Islam für Kinder und Erwachsene« gekauft. Viele Bilder, einfache Wörter – eine leicht verständliche Einführung in den muslimischen Glauben. Ich überlegte: Vielleicht sollte ich das Buch noch einmal auf ähnliche Aussagen überprüfen, bevor ich meine Söhne dazu zwang, es zu lesen. Obwohl im Moment ohnehin die Wahrscheinlichkeit größer war, dass ich nach Mekka pilgerte, als dass meine Kinder Wörter lasen, die nicht auf einem Handydisplay erschienen…

Im Haushalt helfen wiederum müsste ein Junge in Moaaz' Welt nicht. Dass er hier mit mir in der Küche stand und Gemüse schnippelte, lag daran, dass er auf der Flucht einen Zwischenstopp in Istanbul gemacht und in einem Restaurant gearbeitet hatte. Außerdem war er fest entschlossen, sich der deutschen Kultur anzupassen.

»Kennst du Angela Merkel, Moaaz? Unsere Bundeskanzlerin ANGELA MERKEL«, fuhr meine Mutter hartnäckig fort. Sie freute sich so sehr über den geduldigen Zuhörer, dass sie nicht bereit war zu akzeptieren, dass Moaaz sie nicht verstand. »Adrienne, was heißt Bundeskanzlerin auf Englisch?«, rief sie in die Küche. Seit Beginn des Essens redete sie ungebremst auf Moaaz ein, der immer noch vor seinem vollen Teller Spaghetti saß.

»Moaaz versteht kein Wort Deutsch«, versuchte ich, ihm zu Hilfe zu kommen und den politischen Monolog zu beenden. Erfolglos. Meine Mutter war fest davon überzeugt, Moaaz würde sich der Inhalt ihrer Rede wie durch ein Wunder erschließen, wenn sie nur langsam und sehr laut sprach und alle Sätze mehrfach wiederholte. Ihr einziges Zugeständnis war, dass sie ab und zu ein paar englische Worte einwarf. »You understand? ANGELA MERKEL?«

»Mutter! Du ...«

»Jetzt lass uns doch endlich mal in Ruhe reden«, unterbrach sie mich harsch. »Es macht mir so eine Freude, mich mit diesem netten jungen Mann zu unterhalten.«

Seit Moaaz ihr vor den Augen meiner Söhne zur Begrüßung die Hände geküsst hatte, war meine Mutter ganz aus dem Häuschen vor Begeisterung über die Höflichkeit syrischer Männer. Und im Gegensatz zur unhöflichen, ungeduldigen und ungebildeten Tochter oder den frechen Enkeln schenkte er ihr nun bereits seit über einer Stunde seine volle Aufmerksamkeit, hing an ihren Lippen, lächelte höflich und nickte ab und zu. Einen so ausdauernden Zuhörer hatte meine Mutter seit Jahren nicht erlebt. Moaaz war für meine Mutter ein Geschenk Allahs. So wie Angela Merkel für Moaaz, deren Namen er natürlich kannte. Denn ohne sie säße er jetzt nicht hier am Tisch mit diesen nicht zu bändigenden Spaghetti und der deutschen Großmutter.

Zwei Stunden später hatte Jonah Großmutter eingepackt und war mit ihr auf dem Weg zurück in die Seniorenresidenz. Moaaz und ich räumten unterdessen die Küche auf.

»Sorry, dass Großmutter so viel auf dich eingeredet hat.« Ich hatte das Gefühl, dass ich Moaaz vielleicht etwas schützen musste vor den Wortsalven meiner Mutter, ihm erklären, dass es manchmal nicht so einfach war mit Großmüttern. Weit gefehlt. Moaaz sah mich verständnislos an. Er tolerierte die alte Dame nicht nur geduldig, sondern war glücklich über ihre Anwesenheit. Und Fluch oder Segen – auch wenn er nur einen Bruchteil dessen verstanden hatte, was sie ihm alles erzählt hatte, war er ganz begeistert von ihr.

Was ich an diesem Abend noch nicht wusste: Zwischen Pasta und Politik wuchs eine ganz besondere Freundschaft zwischen den beiden, die noch heute Bestand hat.

3

Interview zum Asylverfahren

Bloß nicht wieder ohne Heimat! Schon Tage
vor dem Besuch der Ausländerbehörde plagen
Moaaz Angstattacken und schlaflose Nächte.
Ein nervenaufreibender Behördentermin.

Wenige Tage nachdem Moaaz bei uns eingezogen war, zeigte er mir das Schreiben des Bundesamtes für Migration und Flüchtlinge: die Einladung zur Anhörung zum Asylverfahren. Moaaz empfand den Termin nicht als Hoffnung und Chance, sondern vor allem als bedrohlich. Er fürchtete sich vor dem Interview, den vielen Fragen und den Antworten. Antworten, zu denen er gezwungen werden könnte.

»Wir haben Angst, dass unsere Telefonate abgehört werden, wir haben Angst, WhatsApp-Nachrichten zu schicken, Angst, auf Facebook unsere Meinung zu schreiben. Angst vor Überwachung. Angst ist die Krankheit der Syrer«, hatte Moaaz mir niedergeschlagen erklärt. »Im Alltag können wir schweigen, im Interview nicht.«

Moaaz hatte Sorge, mit seiner Meinung zum Krieg, zur Regierung, zum Militär und den Rebellen seine Familie in der Heimat in Gefahr zu bringen. Und dazu kam die Angst vor der Abschiebung. Dabei hatte Moaaz noch Glück, dass er aus Syrien kommt. Ein Satz, der sonderbar klingt hinsichtlich der grauenhaften Ereignisse in seiner Heimat. Aber es bedeutete, dass Moaaz im Gegensatz zu Flüchtlingen aus anderen Ländern eine sehr gute »Bleibeperspektive« hatte, wie die Behörden es nannten. Schon auf der Einladung stand:

Ich weise in diesem Zusammenhang darauf hin, dass das Bundesamt in nahezu allen Fällen, in denen die Bundesrepublik Deutschland für die Durchführung des Asylverfahrens zuständig ist, syrischen Staatsangehörigen Schutz gewährt hat. Der beigefügte Fragebogen soll Ihnen helfen, Aussagen zu machen, die für die Prüfung Ihres Antrages wichtig sind. Bitte bedenken Sie, dass das Bundesamt über die derzeit in Syrien herrschende Situation informiert ist.

Dennoch steigerte Moaaz sich immer tiefer in seine Ängste hinein. Bloß nicht wieder ohne Heimat sein. Vielleicht holten ihn all die negativen Gefühle auch deshalb ein, weil er zum ersten Mal, seit er Syrien verlassen hatte, seit der traumatischen Flucht und den Monaten im Zelt und später im Container, in Johanns Zimmer ein wenig zur Ruhe gekommen war. Vielleicht weil er in unserer Familie zumindest ein kleines Gefühl von Zuhause gefunden hatte. Auf jeden Fall lagen Moaaz' Nerven bloß. Er litt unter Angstattacken, Albträumen und schlaflosen Nächten und wirkte körperlich und mental mehr als angeschlagen. Und jetzt noch die Anhörung.

Fast täglich fuhr Moaaz in die Erstaufnahmeeinrichtung, um sich mit anderen Flüchtlingen über ihre Erfahrungen auszutauschen. Es kursierten viele Gerüchte über das Verfahren. Ein Freund hatte nur eine Aufenthaltsgenehmigung für ein Jahr bekommen. Das war viel zu kurz, um Deutsch zu lernen, eine Ausbildung zu beginnen und sich ein neues Leben einzurichten. Um sich sicher zu fühlen.

Dann sprachen plötzlich alle nur noch über die Dublin-Verordnung. Sie regelt unter anderem, dass Asylbewerber in dem Land registriert werden müssen, in dem sie die Europäische Union zuerst betreten haben. In einem Gespräch mit den Behörden soll ermittelt werden, welcher Staat für den Asylantrag zuständig ist. Stellt sich dabei heraus, dass der Antrag in einem anderen Mitgliedstaat zu bearbeiten ist, kann der Antragsteller in dieses Land überstellt und dort seine Anerkennung überprüft werden.

Im Sommer 2015 hatte Deutschland angesichts der hohen Zahl der Flüchtlinge vom sogenannten Selbsteintrittsrecht der Dublin-Verordnung Gebrauch gemacht und vorerst darauf verzichtet, Asylsuchende aus Syrien zu überstellen. Doch nun wurden plötzlich Gerüchte laut, Europa wolle zum Dublin-Verfahren zurückkehren. Es hieß, die Länder wollten als Erstes die Flüchtlinge dorthin zurückschicken, wo sie mit ihren Fingerabdrücken registriert worden waren. Am Ende drohte ihnen sogar eine Überstellung zurück nach Griechenland oder Bulgarien.

Die Vorstellung, Deutschland nach all den Strapazen wieder verlassen zu müssen, war ein Horror für die traumatisierten Menschen. Es gab Flüchtlinge, die trotz schlechter körperlicher Verfassung in den Hungerstreik traten: aus Angst vor der Abschiebung oder Rücküberstellung in Länder, in denen sie misshandelt worden waren. Ich hatte gelesen, dass ein psychisch erkrankter Mann damit drohte, von einem Kran zu springen, wenn er ausgewiesen würde. Und ich erfuhr noch andere traurige Geschichten: Einige junge Männer hatten so große Angst, dass der Fingerabdruck, den sie in einem anderen Land hinterlassen hatten, erkannt werden könnte, dass sie sich aus Verzweiflung die Haut von den Händen schmirgelten. Bis aufs Blut. Mit Schleifpapier.

Ich wusste nicht, ob und, wenn ja, wo Moaaz auf der Flucht seinen Fingerabdruck hinterlassen hatte und ob das Dublin-Verfahren auch ihn beunruhigte. Aber die unbändige Angst der Flüchtlinge, aus Deutschland ausgewiesen zu werden, erneut Sicherheit und Schutz zu verlieren, bewegte mich sehr.

Auch jetzt, wo es Moaaz selbst so schlecht ging, lag es ihm am Herzen, mich zu beruhigen und mir die Sorge um ihn zu nehmen.

»Schlaflose Nächte sind für mich normal in Stresssituationen«, sagte er zu mir. »Ich habe auch vor der Abiturprüfung nicht geschlafen, aus Angst, das mühsam Erlernte zu vergessen.«

Wie hatte er sich wohl diesmal vorbereitet?

Ich hatte gehört, dass es spezielle Anwälte gab, die Asylsuchende berieten. Einige Flüchtlinge bereiteten sich auch vor, indem sie ihre Geschichte, ihre Gedanken und Antworten auf die erwarteten Fragen aufschrieben. Moaaz hatte nichts dergleichen getan – soweit ich wusste. Aber ich hielt weder eine besondere Vorbereitung noch rechtliche Beratung für einen Flüchtling aus Syrien für notwendig. Jeder wusste doch um die katastrophale Situation im Land. Es bestand wohl keinerlei Zweifel daran, dass die Menschen flohen, um zu überleben. Und vorerst nicht zurückkehren konnten.

Doch die Fakten beruhigten Moaaz wenig. Er fürchtete, dass ihm sein zweites Leben bei uns wieder genommen werden könnte. Die Ängste waren stärker als die Vernunft. Nicht mehr schlafen, nicht mehr essen, immer größere Unruhe – die Situation erinnerte mich ein wenig an die Zeit kurz vor der Geburt: Die Wehen kommen in kürzeren Abständen und werden immer heftiger. Ich begann, mit ihm die Tage bis zum Termin zu zählen.

Im Alltag schaffte ich es meist nicht, Moaaz zu Terminen zu begleiten. Weder zum Arzt noch zu Behördengängen. Ich half ihm, die Behördenbriefe zu übersetzen, wir besprachen, wo er wann hinfahren musste und was zu regeln war. Manchmal gab ich ihm auch zur Unterstützung ein kurzes Schreiben mit. Zum Beispiel als es um die Ummeldung von der Schnackenburgallee zum Wohnen in unserem Haus ging: »Vor Ihnen steht Moaaz. Bitte bearbeiten Sie seine Ummeldung kurzfristig, denn eine Adresse ist für sein Asylverfahren und die Abwicklung aller Belange sehr wichtig. Wenn Sie Fragen haben, erreichen Sie mich unter folgender Telefonnummer…« Darüber hinaus erledigte Moaaz alles allein.

Aber diesmal war es etwas anderes. Diesmal wollte ich ihn begleiten und ihn unterstützen, so gut ich konnte.

Endlich war es so weit. Am 17. November um acht Uhr sollte Moaaz sich beim Bundesamt für Migration und Flüchtlinge, Zweigstelle Sachsenstraße 12, in Hammerbrook zum Gespräch einfinden. Ich hatte Jonah gebeten, an diesem Tag Juri und Johann zu wecken, Frühstück zu machen und die beiden zur Schule zu bringen, denn wir waren so aufgeregt, dass wir vorsichtshalber schon um sieben Uhr das Haus verlassen wollten. Und diesmal war das frühe Aufstehen auch gar kein Problem. Vermutlich hatte Moaaz vor Aufregung ohnehin kaum geschlafen. Auf jeden Fall stand er schon um halb sieben fertig angezogen in der Küche. Das sah sonst ganz anders aus. Wecken und Aufstehen waren nicht gerade unsere Lieblingsthemen im Alltag. Heute war ich begeistert: In der beigefarbenen Hose und dem blau-weiß gestreiften Hemd, das wir für ihn gekauft hatten, sah Moaaz geradezu hanseatisch aus. Dann sagte er mir noch einmal den Satz auf, den er in den letzten Tagen wieder und wieder geübt hatte: »Ich heiße Moaaz. Ich komme aus der Nähe von Damaskus und bin zweiundzwanzig Jahre alt.«

»Ich glaube, es ist gut, Deutsch zu sprechen und zu zeigen, wie sehr ich mich bemühe, mich einzuleben«, hatte er mir erklärt.

Ein nasskalter Wind fegte uns um die Ohren, als wir das Haus verließen. Es war stockdunkel und ungemütlich. Das düstere Wetter passte zur bedrückten Stimmung. Eine Viertelstunde später kamen wir bei Marion an, um Hussein abzuholen. Er wollte ebenfalls mit, um seinem Freund Beistand zu leisten, und stand schon mit Marion am Gartentor. Hussein und Moaaz kannten sich bereits als Kinder, hatten sich dann aber aus den Augen verloren. Später hatten sie sich unabhängig voneinander auf den Weg nach Deutschland gemacht und waren sich dann zufällig in der Erstaufnahme Schnackenburgallee über den Weg gelaufen. Seitdem waren sie unzertrennlich.

Hussein hatte sein Jurastudium beendet, bevor er die Heimat verlassen musste. Aber die Anerkennung der syrischen Abschlüsse in Deutschland war ein schwieriges Thema. Und er wusste, dass er – wie viele andere – seinen Beruf hier vermutlich niemals würde ausüben können. Hussein wirkte trotz allem immer fröhlich und optimistisch. Auf der Fahrt nach Hammerbrook versuchte er, seinen bedrückten Freund von dem bevorstehenden Termin abzulenken und etwas aufzumuntern.

»Wenn wir unsere Aufenthaltsgenehmigung bekommen haben, machen wir ein syrisches Restaurant auf«, schlug er vor. »Die Nachfrage nach arabischem Essen wird in den nächsten Jahren bestimmt riesengroß.«

»Aber du kannst doch gar nicht kochen«, erwiderte Moaaz lachend.

Davon ließ Hussein sich keineswegs entmutigen. »Ich mache den besten Obstsalat, du kochst das leckerste Huhn, den Rest lernen wir schon noch.«

Wir waren eine halbe Stunde zu früh da, und ich lud die Jungs ins Café zum Frühstück ein. Das war zumindest meine Idee, aber keiner von uns hatte Appetit. Ich bestellte mir einen Kaffee, Hussein nahm einen Tee, Moaaz konnte nicht einmal mehr etwas trinken.

An der Tür zur Behörde stoppte uns der Wachmann. Moaaz zeigte seine Einladung. »Es ist nur eine Begleitperson pro Antragsteller erlaubt«, klärte er uns auf. Wir setzten uns einen Moment auf die Stufen im Treppenhaus und berieten, wer mit reingehen sollte. Moaaz bat mich, bei ihm zu bleiben, und ich gab Hussein die Autoschlüssel, damit er im Wagen warten konnte.

Wir wurden eingelassen. Etwa fünfzig Personen saßen schon im Warteraum. Die meisten von ihnen Männer, aber auch einige Paare und Familien. Es war still. Hilflosigkeit, Angst und Hoffnung standen in den Gesichtern der Wartenden. Schon bei uns zu Hause war die Anspannung spürbar gewesen. Hier nun potenzierten sich diese Gefühle zu einem unerträglichen Emotionscocktail. Nur aus der kleinen Spielecke hörte man fröhliches Lachen. Solange Papa und Mama in der Nähe waren, war für die Kleinen die Welt in Ordnung, sogar hier. Von Zeit zu Zeit wurde ein Name in die Menge gerufen, und einer der Wartenden folgte dem Aufruf mit gesenktem Kopf und eingezogenen Schultern. Während ich ständig auf die Uhr guckte, stand Moaaz einfach still da.

»Warten ist kein Problem für mich«, hatte er mir vor ein paar Tagen im Wartezimmer eines Arztes verraten. »That's normal! In Syrien musst du überall stundenlang warten, es sei denn, du zahlst…« Aber hier und heute hatte das Warten eine ganz andere Qualität.

Ich hatte einen freien Stuhl gefunden und blätterte unkonzentriert in einer Zeitung. Neben mir saß ein junger Mann mit seiner Frau, die hochschwanger war. Wie hatte sie in diesem Zustand den Weg nach Deutschland gemeistert? Ich erinnerte mich an meine Schwangerschaften und die Tage vor der Geburt. An die Aufregung, die Freude und den typischen »Nestbautrieb«, von dem auch ich befallen gewesen war. Babyklamotten sortieren, Kinderzimmer herrichten, die Wohnung aufräumen und putzen – dem Baby ein wunderschönes Heim herrichten. Wie fühlte sich diese junge Mutter, die, statt Strampelanzüge zu waschen und die

Wiege zu bereiten, hier saß und um die Zukunft ihrer kleinen Familie in der Fremde bangte?

Noch nie im Leben waren ich oder jemand aus meiner Familie in einer ähnlichen Situation oder haben diese Qualität von Angst und Unsicherheit erlebt. Wie dankbar wir sein konnten. Solche Gedanken gingen mir häufig durch den Kopf, seit Moaaz bei uns lebte und das Schicksal der Flüchtlinge uns so nah gekommen war. Manchmal fühlte ich mich schlecht, einfach weil es uns so gut ging. Ich schaute die junge Frau an. Ein intensiver Blick von Frau zu Frau, von Mutter zu Mutter. Sie verstand und lächelte.

Nach zwei Stunden wurde Moaaz endlich aufgerufen. Wir sprangen auf und wurden in ein kleines Zimmer geführt. Es gab eine Schreibkraft und einen Beamten, der das Interview führte. Es war ein junger Mann aus Marokko, der sehr zugewandt wirkte und uns herzlich begrüßte. Moaaz nahm neben ihm Platz, ich setzte mich auf die andere Seite des Tisches.

»Wer ist diese Frau?« Er deutete auf mich. Moaaz lächelte mich an.

»Seine Ziehmutter, seine Patin, seine Betreuerin, ich weiß nicht, wie wir es nennen sollen«, erklärte ich. »Wir haben Moaaz in unsere Familie aufgenommen und helfen ihm.« Der Beamte schien erstaunt, gab sich aber zufrieden mit der Antwort.

Er überprüfte die Identität und fand Moaaz sofort im System. Und nicht nur Moaaz, sondern auch einen Verwandten. Er drehte den Bildschirm des Computers zu Moaaz und zeigte ihm einen Namen.

»Ist das Ihr Onkel?«

Moaaz nickte, ohne eine Miene zu verziehen. Der Beamte stutzte, als er bemerkte, dass Moaaz' Begeisterung, einen Verwandten in Deutschland ausfindig gemacht zu haben, sich sehr in Grenzen zu halten schien.

»Viele sind ganz aus dem Häuschen oder weinen sogar vor Freude«, erzählte er lachend. »Aber das hier scheint ja nicht gerade Ihr Lieblingsonkel zu sein.«

Für einen Moment war das Eis gebrochen und die Stimmung entspannt, aber dann wurde es ernst: »Wo sind Sie geboren? Was ist in Ihrer Heimat passiert? Warum konnten Sie nicht bleiben? Womit hätten Sie schlimmstenfalls rechnen müssen, wenn Sie geblieben wären? Waren Sie politisch tätig? Haben Sie Geschwister, die außerhalb Ihres Heimatlandes leben? Kennen Sie Personen, die am Krieg beteiligt sind? Auf welche Weise haben Sie Syrien verlassen? Über welche Länder sind Sie gereist?«

Die beiden sprachen Arabisch, hin und wieder übersetzte der Dolmetscher eine Frage für mich. Moaaz hörte konzentriert zu, antwortete manchmal kurz, manchmal schwieg er, bis die Frage wiederholt wurde.

»Ich kann mich nicht erinnern«, sagte er immer wieder – aus Angst, eine falsche Antwort zu geben. Der Beamte wandte sich an mich.

»Bitte sagen Sie ihm, dass er keine Angst zu haben braucht und dass bislang kein Flüchtling aus Syrien abgewiesen wurde. Das Einzige, was die Aufenthaltsgenehmigung wirklich gefährden könnte, ist keine Antwort oder eine Lüge. Bitte sagen Sie ihm, dass er für die Bearbeitung unbedingt alle Fragen ausführlich und korrekt beantworten muss.«

Moaaz hatte nicht verstanden, was der Beamte zu mir auf Deutsch gesagt hatte, und sah mich verunsichert an.

»Don't panic, don't be afraid«, versuchte ich meinen Ziehsohn zu beruhigen. »Tell your story and answer to everything he asks.«

Langsam fing Moaaz wieder an zu sprechen. Die Unterhaltung kam ins Laufen. Seine Antworten auf Arabisch verstand ich nicht, und der Beamte übersetzte nun auch nicht mehr für mich, obwohl ich sehr gern mehr erfahren hätte über meinen Ziehsohn.

Irgendwann war es geschafft, und der Beamte entließ Moaaz. Als wir den Raum verließen, fiel die Anspannung wie ein Sack Steine von meinen Schultern. Ich fühlte mich erschöpft. Moaaz liefen plötzlich Tränen über die Wangen. Ich nahm ihn in den Arm, und dann weinten wir beide.

»Wenn ich früher in der Schule fertig war mit Lernen, alles in meinem Kopf war und ich die Prüfung bestanden hatte, war für mich das Thema erledigt. Ich habe dann alle Bücher und Unterlagen einfach weggeworfen oder sie in einem leeren Klassenraum liegen lassen«, hatte Moaaz mir erzählt. Diesmal gab es keine Bücher oder Unterlagen, aber ich wünschte mir an diesem Tag, dass Moaaz beim Verlassen der Behörde einen Teil seiner Ängste zurücklassen könnte.

Egal, wie oft ich ihn inzwischen gefragt habe – es bleibt dabei: Moaaz möchte nichts über seine Flucht erzählen. Aus der immer gleichen Angst, die ihn auch heute noch begleitet: dass seine Antworten und die Details über seine Flucht negative Folgen für ihn und seine Familie in der Heimat haben könnten.

Er wollte niemanden durch seine Aussagen in Gefahr bringen und fürchtete um die Sicherheit seiner Verwandten. Selbst mir gegenüber sprach er aus dieser schwer greifbaren Angst heraus nicht darüber, welche Befürchtungen er dabei genau hatte.

In den Monaten nach dem Termin erfuhr ich von anderen Fällen, in denen die Angst so groß gewesen war, dass sie eine Abschiebung zur Folge hatte.

Da war Ahmad, ein Sunnit aus dem Süden des überwiegend schiitischen Irak, dessen Bruder auf offener Straße von Milizen der Regierung entführt worden war. Ihn selbst hatten sie mit Erschießen bedroht. Der Vater hatte das Haus der Familie verkaufen müssen, um das Lösegeld für seinen Sohn zu bezahlen. Ahmads Angst, weit über die Grenzen des Heimatlandes hinaus verfolgt zu werden oder das Leben seiner Familie zu gefährden, war zu übermächtig, sodass er schwieg, selbst dann noch, als er den Abschiebungsbescheid in den Händen hielt. Bis ein Helfer sich seiner annahm und das Verfahren neu aufgerollt werden konnte.

Oder Ali. Das ganze Dorf hatte zusammengelegt, dass er fliehen und sich ein neues Leben im sicheren Europa aufbauen konnte. Aus Angst vor dem Ertrinken hatte er den Landweg genommen, über Bulgarien weiter nach Serbien, Ungarn und Österreich bis nach Deutschland. Ali war in Bulgarien ausgeraubt und misshandelt worden. Ein Finger war ihm mit einem Schlagstock gebrochen worden und schief zusammengewachsen. Sein Vertrauen war gebrochen. Monatelang schwieg er, denn er wollte zudem nicht, dass seine Familie, sein Dorf über irgendwelche Umwege erfuhren, was ihm zugestoßen war.

Moaaz war über das Meer gekommen. Ich kannte die Bilder aus dem Fernsehen, von überfüllten Schlauchbooten und dramatischen Rettungsaktionen, und versuchte mir vorzustellen, wie es sein mochte, andere Menschen ertrinken zu sehen. Völlig unterkühlt und traumatisiert in ein behelfsmäßiges Lager auf einer griechischen Insel zu kommen und immer weitergeschoben zu werden, weil kein Land einen wollte. Da wurde mir klar, dass ich seine Erinnerungen ruhen lassen musste, bis er eines Tages bereit sein würde, zu reden und den Stachel aus der Wunde zu ziehen.

4

Weihnachten im Wohnzimmer

Sieben syrische Männer sitzen auf dem Sofa vor
dem Weihnachtsbaum und genießen freies WLAN
statt Weihnachtsdekoration.

Alle reden von den Weihnachtspfunden. Ich nehme jedes Jahr über die Festtage ab. Weil ich nämlich allein dafür zuständig bin, dass der Rest der Familie zunimmt. Während ich alle Aufgaben erledige – vom Tannenbaum-aus-dem-Wald-Holen übers Berge-von-Fleisch-Schleppen bis hin zum Geschenke-einwickel-Marathon – und deshalb schweißgebadet durch die besinnliche Adventszeit galoppiere, genießen die Jungs um mich herum ganz entspannt ihre Ferien. Und das mit großer Vorfreude auf das wundervolle Fest.

Zumindest die Großen könnten mir bei den Vorbereitungen helfen, überlegte ich dieses Jahr. Ich klopfte bei Justus, er hatte Semesterferien und genoss seit ein paar Tagen wieder meinen Rundum-Service. »Hey Großer! Hast du Lust, mit mir zusammen ins Einkaufszentrum zu fahren? Ein bisschen quatschen, Weihnachtseinkäufe machen, nur wir beide?«

»Mal ehrlich: Was stellst du dir denn vor? Hinter dem Einkaufswagen herlaufen? Dir schieben helfen?«, entgegnete er. »Im Getränkemarkt gibt es sogar Hilfen auf dem Parkplatz – zum Einladen der Kisten. Das schaffst du ganz bestimmt!«, fügte Justus ermutigend hinzu, als er meinen fassungslosen Gesichtsausdruck sah. »Wir können ja später gemütlich klönen, wenn du fertig bist, okay?«

Spontan musste ich an das islamische Opferfest denken, über das ich gelesen hatte. Dabei erinnert man sich daran, dass Prophet Abraham bereit war, Gott seinen Sohn zu opfern. Überhaupt erschien mir der Gedanke, zum Islam zu konvertieren und das ganze Weihnachtsfest ausfallen zu lassen, gerade extrem charmant. Ich klopfte ein Zimmer weiter bei Moaaz. Auch er steckte am frühen Nachmittag noch im Pyjama.

»Of course I'll help you!« Natürlich wollte mein Ziehsohn mitkommen. Einer Mutter schlug man keine Bitte ab. »That's normal!« Zudem liebte Moaaz Supermärkte. Für ihn war es neu, dass man bei uns an fast jeder Straßenecke einen Supermarkt oder Discounter findet. In seiner Heimat hatte er in »Minimärkten« eingekauft, Lädchen mit den Ausmaßen eines mittleren Wohnzimmers. Größere Lebensmittelmärkte gab es nur in reich bevölkerten Städten und in den großen Einkaufszentren.

Böse Zungen könnten behaupten, ich hätte nur deshalb einen jungen Mann aus Syrien aufgenommen, damit ich wenigstens mal einen im Hause hätte, der höflich und hilfsbereit sei.

Ein paar Minuten später saßen wir mit unserem ellenlangen Einkaufszettel im Auto. Johann war auch dabei. »Die hat bestimmt versucht zu flüchten«, rief Johann plötzlich und zeigte auf eine ältere Dame, die, nur mit einem rosa Bademantel und mit Federn geschmückten Puschen bekleidet, die Hauptstraße entlangschlurfte. Moaaz guckte kritisch. Wahrscheinlich fand er bei all den deutschen Diskussionen über islamische Kleidungsvorschriften, dass eine Burka dann doch allemal eleganter aussah. Zwei Polizisten hatten die Dame freundlich eingehakt und halfen ihr nun auf dem Weg – wohin auch immer. Ich erklärte Johann, dass sie wahrscheinlich etwas tüddelig sei und vergessen habe, wo sie wohne.

Bis zum REWE-Markt war es still auf der Rückbank. Als ich gerade im überfüllten Parkhaus einen Platz suchte, sagte Johann: »Wenn du alt bist, Mami, kommst du nicht ins Altersheim!«

Meine Mutter war dabei, in die Seniorenresidenz zu ziehen, und das Thema Alter war in den letzten Wochen sehr oft im Gespräch gewesen. Und nun hatte mein Jüngster sich also Gedanken über seine Mutter gemacht. Was für ein liebevoller und sensibler Junge. Sicher würde er mir nun anbieten, dass ich später bei ihm leben dürfte. Ganz gerührt beobachtete ich im Rückspiegel sein nachdenkliches Gesicht.

»Und wo soll ich dann später wohl leben, mein Schatz? Vielleicht bei dir und deiner Familie?«, fragte ich ganz arglos nach.

Wie gut, dass Kinder heutzutage auch auf der Rückbank angeschnallt sind. Sonst wäre Johann vor Schreck wohl vom Sitz gefallen.

»Bei mir?« Er schüttelte entschieden den Kopf. »Du kommst in so ein Heim, wo man nicht mehr allein rauskommt. Wo die Türen immer abgeschlossen sind und wo so welche Leute wohnen, die vergessen haben, wie sie heißen und wo sie wohnen und so …«

Und all das nur, weil ich manchmal die Namen von Kindern und Hund durcheinanderbrachte und mir die eine oder andere Information bei der Organisation des Familienalltags durchrutschte. Unverschämtes Pack! Kurz vor Weihnachten sollten Kinder vorsichtig mit ihren Äußerungen sein. Aber vermutlich baute Johann darauf, dass ich mich schon nächste Woche nicht mehr erinnerte, welcher Sohn mich wo einliefern wollte.

Moaaz schaute mich fragend an. Zum Glück hatte er nur wenig von Johanns Mutter-Entsorgungsideen verstanden. Selbst wenn es nicht an der Sprache gehapert hätte, wäre ihm die Idee, die alte Mutter im Heim abzuladen, vermutlich fremd vorgekommen und wenig kompatibel mit seinem Glauben.

Bei REWE sah es so aus wie in allen Supermärkten vor Weihnachten: Spekulatius, Stollen, Marzipan, Lebkuchen und weitere Tonnen von Gebäck und Süßigkeiten türmten sich in den Aufstellern. Moaaz staunte nicht schlecht. Auch in Syrien leben Christen und feiern wie wir Weihnachten. Und auch in Moaaz' Heimatstadt im Südwesten Syriens gab es zu Weihnachten Lichterketten, Tannenbäume und Schokoladenweihnachtsmänner zu kaufen.

Allerdings nur, bevor der Krieg das Land beherrschte. Bevor die von Melonenfeldern und Weinbergen umgebene 40 000-Einwohner-Stadt zerbombt und dem Erdboden gleichgemacht worden war. Aber selbst da nicht in den Ausmaßen unserer Überflussgesellschaft.

Neu für Moaaz und eine Bereicherung in seinem Leben bei uns waren: Apfelkuchen, Quarkbällchen und Sonnenblumenkerntoast. Außerdem fand er es klasse, dass er Süßkartoffeln einfach und immer kaufen konnte. Die hatte seine Mutter in Syrien manchmal nur im Internet bestellen können. Mehr überrascht als begeistert war er über die Auswahl an der Käsetheke.

»In Syrien gibt es höchstens zehn verschiedene Käsesorten«, sagte er – und fügte dann allerdings lakonisch hinzu: »Aber ich mag Käse sowieso nur auf Pizza.«

Ich fühlte mich angesichts dieser ausufernden Flut von Lebensmitteln nicht wohl und dachte unwillkürlich an das Gespräch, das Moaaz vergangene Woche per WhatsApp mit seiner Tante geführt hatte. Meistens telefonierte er in seinem Zimmer, und wenn er manchmal in unserem Wohnzimmer mit seinen Verwandten sprach, mischte ich mich nicht ein. Aber diesmal hatte ich bemerkt, wie nah ihm das Gespräch gegangen war. Als ich ihn gefragt hatte, was los sei, hatte er kurz gezögert. Moaaz erzählte mir nur ungern von dem, was bei ihm in der Heimat geschah. »That's too much for you …«, sagte er häufig. Er wollte mich schonen. Und tatsächlich fiel es mir oft schwer, mich abzugrenzen: Eine Familie aus der ehemaligen Nachbarschaft von Moaaz' Familie war ertrunken. Sein Bruder versuchte, in den Libanon zu fliehen, und rief Moaaz aus einem Versteck in den Bergen an, während im Hintergrund Schüsse zu hören waren … Die wenigen Geschichten, die Moaaz mit mir teilte, bekamen durch ihn ein Gesicht und verfolgten mich in meinen Träumen. Ich versuchte, in meinem Leben zu bleiben, nicht alles Leid an mich heranzulassen, aber das gelang mir natürlich nicht. Auch diesmal nicht. Wie hätte ich nicht fragen können, als ich die traurigen Augen sah?

»Es war meine Tante«, hatte Moaaz erzählt. »Madaya ist eingezingelt und wird ausgehungert. Ein Sack Reis kostet mehr als siebzig Euro. Ein Butterkeks für die Kinder zwölf Euro. Ihre Neffen und Nichten weinen vor Hunger. Meine Tante erträgt das Schreien der Kinder nicht mehr.«

Ich betrachtete wieder die Regale, die sich unter den Lebensmittelmassen bogen. Ich hatte keine Lust mehr zum Einkaufen, arbeitete mit den beiden Jungs die Einkaufsliste ab. Auch Moaaz sah traurig aus. Später erfuhr ich von ihm, dass uns in diesem Moment die gleichen Gedanken bewegt hatten.

Es war schwer auszuhalten, dass es für ihn und uns Lebensmittel und Köstlichkeiten in Hülle und Fülle gab, während ein Teil seiner Familie ums Überleben kämpfte.

In Gedanken versunken fuhr ich zurück. Bis ein Blitz mich aufschreckte. Verdammt!

»Was war das?«, fragte Moaaz irritiert. »Ich bin zu schnell gefahren und in die Radarfalle gekommen«, erklärte ich. »Jetzt hat die Polizei ein Foto von mir und meinem Nummernschild, und ich muss, weil ich schneller gefahren bin, als erlaubt ist, zwanzig oder dreißig Euro Strafe zahlen.«

Moaaz lachte ungläubig. Mehrmals fragte er nach. Er war unsicher, ob er das richtig verstanden hatte. Amüsierte sich über die so ordentlich geregelten Verkehrsgesetze.

»In Damaskus kannst du Unfälle bauen, so schnell fahren, wie du willst, oder sogar einen Hund überfahren, ohne dass sich jemand darum kümmert«, erzählte er.

Moaaz wollte auch gern einmal seinen Führerschein

machen. Ein Zukunftstraum, denn erst einmal hieß es: warten auf die Aufenthaltsgenehmigung, Deutsch lernen, einen Ausbildungsplatz und eine eigene Wohnung finden, Geld verdienen …

Doch erst mal stand Weihnachten vor der Tür.

Anfang des zwanzigsten Jahrhunderts waren etwa zwanzig Prozent der Bevölkerung in der arabischen Welt Christen. Heute sind es aufgrund von Krieg und Verfolgung nur noch rund fünf Prozent. Auch in Syrien leben Christen – und feiern Weihnachten. Und viele Muslime feiern mit ihnen, ohne jede Verbindung zu ihrem Glauben. Sie lieben einfach den ganzen Weihnachtskult, gratulieren den Christen höflich zur Geburt ihres Jesus. Davon hatte ich bislang nichts gewusst. Ganz im Gegenteil hatte ich gedacht, dass dies für gläubige Muslime vielleicht sogar verboten sei. Seit Moaaz bei uns war, merkte ich jeden Tag, wie wenig ich eigentlich von Syrien, vom Islam, vom muslimischen Glauben wusste.

Moaaz freute sich sehr auf den ersten Heiligabend in Deutschland und in unserer Familie. In Syrien hat er jedes Jahr mit seinen Cousinen gefeiert. Sie hatten sich Mützen von »Papa Noël« aufgesetzt und zusammen Tabouleh gegessen, eine Vorspeise aus Couscous oder Bulgur, Petersilie, Tomaten und Zwiebeln, und andere traditionelle Speisen wie Kobe, Rindfleischbällchen mit Walnüssen und Zwiebeln, oder Jabra, gefüllte Weinblätter, und Kabsa, ein Gericht mit Reis und Huhn. »Und in den Jahren, in denen genug Geld da war, gab es sogar einen Tannenbaum.«

Bei uns Friedlaenders läuft Weihnachten, wie in vielen anderen Familien auch, immer gleich ab. Darauf bestehen die Kinder! Während ich das Essen für den Abend vorbereite, »entführt« mein Exmann die Kinder zum Frühstück und zum anschließenden Bummel über den Weihnachtsmarkt. Auf dem Rückweg bringen sie die Oma mit, und wir gehen alle zusammen in den Kindergottesdienst. Danach findet die sehnlichst erwartete Bescherung statt, gefolgt von einem köstlichen Abendessen und Spielzeit bis Mitternacht. »Möchtest du auch mit in die Kirche kommen?«, fragte ich Moaaz am Vorabend beim Schmücken des Tannenbaums.

Die unbefleckte Geburt Jesu durch die Jungfrau Maria ist für einen Muslim eher eine lustige und etwas absurde Geschichte, was ich zugegebenermaßen verstehe. Und Vaterunser und Glaubensbekenntnis sind vielleicht etwas übers Ziel hinausgeschossen. Aber Moaaz war fest entschlossen, das volle Programm mitzumachen. Als er zu uns zog, hatten wir ihn bei H&M eingekleidet. Keine einfache Mission, denn es hatte lange gedauert, den bescheidenen Moaaz dazu zu überreden. Er wollte auf keinen Fall, dass wir ihn über Zimmer und Nahrung hinaus auch noch mit Kleidung versorgten. Aber natürlich hatte ich als Mutter das letzte Wort gehabt. Und so unterschied ihn auch heute nichts von meinen weihnachtlich herausgeputzten Söhnen – bis auf den dunklen Bart vielleicht.

Im Kindergottesdienst ging es wie jedes Jahr sehr turbulent zu: Das Krippenspiel wurde aufgeführt. Ein Haufen von Kindern hatte sich darum gerissen mitzuspielen. So gab es ein Dutzend statt der drei Heiligen Könige, dreißig Hirten und jede Menge Engel. Aber immerhin nur eine Maria. Fasziniert beobachtete Moaaz die Geburt Jesu Christi, der in Form einer nackten Puppe aus Marias Pullover fiel. Ich hätte zehn Lebkuchenherzen für seine Gedanken gegeben.

»Hast du in Syrien schon mal einen christlichen Gottesdienst besucht?«, fragte ich ihn auf dem Fußmarsch nach Hause.

»Nein, natürlich nicht. Das ist das erste Mal, dass ich Weihnachten in einer Kirche erlebt habe«, erwiderte Moaaz. »An diesem Tag gehen wir zu Hause auch nicht in die Moschee.«

Gut gefallen hatte Moaaz das gemeinsame Singen der Weihnachtslieder, auch wenn er weder mitsingen konnte noch ein Wort verstand. Leichter zu verstehen und vor allem sehr unterhaltsam war für ihn die Weihnachtsgeschichte als Theaterstück gewesen. »Die Kinder haben toll gespielt«, verriet er mir begeistert.

Ein ebenso erlebenswertes Spektakel wie das Krippenspiel ist bei uns immer die anschließende Bescherung im Wohnzimmer. Ich weiß nicht, wie andere Familien es hinkriegen, aber bei uns geht es wenig besinnlich zu. Weihnachtsgedichte haben Justus und Jonah zuletzt aufgesagt, als 1999 ein gebuchter Weihnachtsmann mit seiner Rute im Zimmer stand – der Auftritt hätte Moaaz bestimmt einen Heidenspaß bereitet. Und wir singen auch keine Weihnachtslieder vor dem Tannenbaum. Stattdessen öffne ich die erste Flasche Sekt und freue mich jedes Jahr wieder, dass ich den Vorweihnachtsstress überlebt habe, während die Jungs ihre Geschenke aufreißen und es buntes Papier im Wohnzimmer schneit.

Moaaz bekam von uns ein Sport-T-Shirt, einen Rasierer

und – aus immer wieder gegebenem Anlass – einen Wecker. Als er ihn auspackte, zwinkerte ich ihm zu. Er verstand den Wink mit dem Zaunpfahl und lächelte.

Nach der Bescherung verschwand ich wieder in der Küche. Zeit, das Abendessen zuzubereiten.

»Can I help you?« Moaaz folgte mir in die Küche. Er liebte es zu kochen, half gern bei den Vorbereitungen und war immer interessiert daran, was Deutsche so alles kochten. Vor allem natürlich war er interessiert an der Vorbereitung des Festmenüs.

Und dann aß Moaaz mit uns Lachstartar und Rindfleischfondue statt Huhn und Hummus.

Nach dem Essen kamen – wie jedes Jahr – unsere Nachbarn zu uns, ein achtzigjähriges Ehepaar namens Wümpelmann, das wir sozusagen als zusätzliche Großeltern adoptiert hatten. Sie nahmen mit Liebe an unserem Leben teil und unterstützten mich bei der Kinderbetreuung. Seit Moaaz bei uns wohnte, hatten sie ihn in ihr Fürsorgeprogramm mit aufgenommen. An diesem Abend hatten sie nicht nur kleine Überraschungen für meine Söhne mitgebracht, sondern auch ein Geschenk für Moaaz: ein deutscharabisches Wörterbuch.

Moaaz gab beiden höflich die Hand. »Danke schön, das ist sehr nett«, sagte er schüchtern und lächelte. Ich sah, wie sehr es ihn bewegte, dass sogar unsere Nachbarn an ihn gedacht hatten. Später, im Deutschkurs, arbeitete er mit anderen Büchern, doch das Wörterbuch hat er bis heute aufbewahrt.

Juri hatte sich mit seinem Papi in eine Ecke verzogen. Zusammen bauten sie das neue Legoflugzeug auf. Johann steuerte seinen Hubschrauber durchs Wohnzimmer, darunter spielten wir Erwachsenen Rummikub. Moaaz saß wie so oft mit angewinkelten Beinen auf dem Sessel und beobachtete das bunte Treiben.

»Es ist so schön, wieder mit Familie und Freunden fröhlich zusammen zu feiern«, sagte er strahlend. »Im letzten Jahr, am Weihnachtsfest vor meiner Flucht, war ich ganz allein«, vertraute er mir später an.

Am nächsten Abend war unser Wohnzimmer wieder voller Menschen: Ich hatte Freunde eingeladen und Moaaz ein paar junge Männer aus Syrien, die er nach der Ankunft in Hamburg in der Erstaufnahmeeinrichtung kennengelernt hatte. Er und ich sorgten gemeinsam fürs Essen. Wie die Gäste war es eine deutsch-syrische Mischung: Es gab Rindfleischbällchen, Hummus und Fladenbrot. Eine Freundin von mir hatte einen riesigen Topf Currysuppe mitgebracht. Wir tranken Wein und Bier, die jungen Männer und die Kinder Cola und Tee. Auf meinem Fernsehbildschirm fackelte ein künstliches Kaminfeuer, einen echten Kamin besaß ich leider nicht, und die roten Kerzen auf dem üppig geschmückten Weihnachtsbaum brannten. Höflich lobten die jungen Syrer den hübschen Weihnachtsschmuck, aber was sie viel mehr begeisterte als die wunderbar kitschige Weihnachtsdekoration, war freies WLAN! Kaum hatten sie sich auf dem Sofa niedergelassen, loggten sich alle ins Netz ein, und los ging's. Sie chatteten mit ihren Freunden, schickten Grüße und Fotos aus dem fremden Wohnzimmer nach Hause. Bis ein Freund von mir zur Gitarre griff. Auch Hussein hatte eine Gitarre mitgebracht. Ich weiß nicht, wie, aber auf irgendeine Weise verständigten sich die Männer und stimmten ein Lied an. Und dann gab's doch noch ein Lied vor dem Tannenbaum. Allerdings kein Weihnachtslied, sondern ein Liebeslied von Fairuz.

»Sie ist die berühmteste Sängerin in Middle East«, klärte Moaaz mich auf und strahlte. Und dann sangen alle zusammen »Bektob Esmak Ya Habibi«, was so viel heißt wie: »Ich schreibe deinen Namen, Geliebter.«

Hätte mir jemand erzählt, dass ich einmal mit sieben Syrern vor dem Tannenbaum sitzen würde, ich hätte ihn sicher für verrückt erklärt. Es war ein gutes und richtiges Gefühl, zu Weihnachten die vielen Fremden in meinem Haus zu versammeln. Ein wenig erinnerte mich der Abend auch an eine Szene aus einer kitschigen Weihnachtskomödie. Manchmal ist das Leben bunter als jeder Film. Wir haben bislang nicht wieder in dieser Runde gefeiert, aber Moaaz ist seitdem jedes Jahr an Heiligabend bei uns.

5

Moaaz erzählt seine Geschichte – oder auch nicht

»Ein Messer unter dem Kopfkissen vertreibt die Albträume«, sagt Moaaz. Es ist nicht einfach, mit ihm über die Erlebnisse in der Heimat und auf der Flucht zu sprechen.

Nach und nach erfuhr ich mehr über Moaaz' Vergangenheit und seine Flucht. Er floh im Frühling 2015 vor der syrischen Armee. Sein Weg glich dem vieler anderer Flüchtlinge und führte zunächst durch die Türkei, hinein in ein überladenes Schlauchboot, das ihn auf die kleine griechische Insel Farmakonisi brachte. Von dort aus ging es weiter über Athen und die Balkanroute bis nach Hamburg, wo er fünf Monate später im Sommer in der Erstaufnahmeeinrichtung Schnackenburgallee ankam.

Ein paar kurze Zeilen, die den Weg der Flucht beschreiben, und Erlebnisse, die eigentlich ein Buch füllen würden. Aber immer wenn ich in den ersten Wochen intensiver nachfragte, Näheres über die Umstände wissen wollte, verstummte Moaaz.

Einige Wochen nach seinem Einzug besuchte uns ein Freund, Marco. Er ist Redakteur bei der taz, und es lag ihm am Herzen, über unser Leben mit Moaaz zu berichten, darüber, welche Erfahrungen wir bisher gemacht hatten. Mit ihm kam ein Fotograf. Alle Kinder waren da, und wir verbrachten einen guten Nachmittag miteinander. Marco stellte natürlich jede Menge Fragen: »Wann hast du dich auf den Weg gemacht? Wie lange warst du unterwegs? Wie fühltest du dich, als die Familie dich aus der Erstaufnahme abholte?«

Bei jeder Frage versicherte Moaaz sich, dass er gemeint war. »Me?«, brachte er immer wieder ungläubig hervor. Er war doch nur einer von Millionen Flüchtlingen, mit einer von Millionen Geschichten, die sich alle glichen. So viel Aufmerksamkeit und Interesse war er einfach nicht gewohnt.

Auch mit Marco sprach Moaaz lieber über seine positiven Erlebnisse. »An dem Tag, an dem Adrienne und die Kinder mich abholten, fühlte ich mich wie neu geboren. Erst ab da begann mein Leben in Deutschland.«

Hunderttausende von Menschen waren bereits im syrischen Bürgerkrieg gestorben, 2016 Tausende Flüchtlinge auf der Flucht ertrunken. Unfassbare Zahlen, Schicksale. Ich merkte, wie ich abzustumpfen begann, wenn ich die Nachrichten sah. Wieder Bomben, noch ein gesunkenes Boot mehr, überall Tote und Verletzte.

In unseren Hirnen und Herzen findet eine Art »Notabschaltung« statt. Würden wir über jedes Kind, das im Meer ertrinkt, nachdenken, wären Mitleid und Schmerz unerträglich. Durch das Zusammenleben mit Moaaz bekamen die Bilder jedoch eine andere Bedeutung für mich, rückten in die Realität. Moaaz half mir, die »Flüchtlinge« aus der

Anonymität zu holen. Sie wurden wieder zu individuellen Menschen, erhielten ihr Gesicht zurück. Darum hatte und habe ich das Gefühl, dass es so wichtig für mich ist, von Moaaz' Erlebnissen zu hören. Wie sah sein Fluchtweg aus? Welche Erlebnisse hatte er mit Schleppern und Schleusern? War auch er während der Flucht aufgegriffen und inhaftiert worden? Und welche der Schicksale und Bilder, die um die Welt gingen, hatte Moaaz hautnah erlebt? Doch er ließ mich mit seiner Schweigsamkeit nach wie vor hängen. Zum einen weil einige Erinnerungen einfach so unerträglich waren, dass er sie fest verschlossen hatte. Zum anderen war da immer wieder seine Angst. Die Armee hatte ihn einziehen wollen, da war er geflohen. Dem Krieg konnte er so entkommen, aber die Angst vor dem Regime verfolgte ihn noch immer. Das zumindest war mein Gefühl. Erfahren habe ich bis heute nicht mehr. Wann immer ich ihn frage, höre ich die gleiche Antwort: »Darüber möchte ich auf keinen Fall sprechen.«

Nur manchmal bekam ich eine Idee von den traumatischen Erlebnissen, bruchstückhaft, nebenbei. Als wir die Elbchaussee entlangfuhren, zum Beispiel, und Moaaz sagte: »Ich mag kein Wasser und auch keine Schiffe.« Oder als er steif neben mir saß beim »Schlepper-Tatort« an einem Sonntagabend. Flüchtlinge, dicht gedrängt in Bretterverschlägen, in einem LKW kurz vor dem Ersticken, skrupellose Schlepper, die ein lukratives Geschäft mit der Not der verfolgten Menschen machten.

»That's reality«, sagte er etwa zehnmal, dann verließ er wortlos den Raum.

Am eindringlichsten für mich war ein Erlebnis kurz nach

seiner Ankunft in unserer Familie. Als ich morgens um halb sieben runterkam, saß Moaaz schon am Küchentresen.

»Ich brauche ein Messer«, sagte er zu mir. Verunsichert schaute ich in sein trauriges Gesicht. »Ein Messer unter dem Kopfkissen vertreibt die Albträume«, half er mir auf die Sprünge.

Ich erzählte ihm, dass ich von Gesprächsangeboten gehört hätte, von Traumatherapie für Flüchtlinge, und dass ich glaubte, professionelle Unterstützung könne ihm helfen. Aber Moaaz wollte nicht darüber sprechen.

»Ich lasse nicht zu, dass der Krieg auch noch meine Erinnerung und die wunderbaren Bilder meiner Kindheit zerstört«, erklärte er sich später.

Bis Moaaz von seiner Kindheit erzählte, vergingen einige Monate. Es schien mir, als hätte er die Zeit gebraucht, um die Erinnerungen unter den Trümmern des Krieges zu bergen.

Relativ früh erfuhr ich, dass Moaaz 1994 geboren worden war – in der Nähe von Damaskus, der Hauptstadt Syriens. Wo genau, wollte er aus Angst um die Daheimgebliebenen nicht sagen. Erst deutlich später erzählte mein Ziehsohn auf Zeit mir von seiner Familie: »Ich habe zwei Brüder und drei Schwestern und bin das jüngste von sechs Kindern. Meine Mutter arbeitete damals als Schneiderin und kümmerte sich, so wie es üblich ist bei uns, auch um den Haushalt und die Kinder. Mein Vater war Landwirt. Er baute in unserem fruchtbaren Tal Obst an und verkaufte es an Großhändler. Dazu hatte er einen kleinen Laden, in dem er Lederhandtaschen und Schuhe anbot.«

So still Moaaz wurde, wenn es um Krieg und Flucht ging, so gern kam er ins Plaudern, wenn er sich an Schönes erinnerte, an Bräuche und Anekdoten aus seiner Familie: »›Habt ihr Zitronen im Haus?‹, war immer die erste Frage, wenn meine alte Tante uns besuchte. Sie wohnte ungefähr zwei Kilometer entfernt, am anderen Ende der Stadt, und schaute ein- oder zweimal im Monat vorbei. Das kam uns damals unglaublich weit entfernt vor. So fragte ich sie jedes Mal gleich, ob sie nicht über Nacht bleiben könnte. Dann schälten wir zusammen die Zitronen, teilten sie wie eine Apfelsine in Spalten und aßen sie mit Salz.« Moaaz grinste, als er sah, wie ich das Gesicht bei dieser Vorstellung verzog. »Das klingt vielleicht ungewohnt, aber die Säure und das Salz zusammen ergeben ein tolles Geschmackserlebnis. Einfach köstlich. Das musst du mal probieren.«

Aber ich konnte mich ja nicht einmal für Zitronen und Salz mit Tequila begeistern, war also diesem Geschmackserlebnis gegenüber nicht besonders aufgeschlossen.

Natürlich wollte ich noch mehr wissen von Moaaz und seiner Familie. Wie wachsen Kinder in Syrien auf? Gehen sie in den Kindergarten, oder bleiben die Kleinen bei der Mutter bis zur Grundschule? Gibt es überhaupt so etwas wie eine Grundschule?

»Ich kam mit drei Jahren in den Kindergarten. Meine Eltern hatten sich für einen privaten entschieden. Dort sind die Gruppen etwas kleiner, und die Betreuung ist besser. Jeden Morgen wurden alle Kindergartenkinder mit dem Bus abgeholt. Ich war dann oft traurig, weil es mir schwerfiel, mich von meiner Mutter zu trennen. Danach kam ich in die Grundschule und ging mit vierzig anderen Jungs in eine Klasse. Dass Mädchen und Jungen zusammen in eine Schule gehen, ist bei uns nicht üblich. Nur auf manchen privaten Schulen gibt es gemischte Klassen.« So fremd und anders hört sich das Kinderleben in Syrien gar nicht an, dachte ich, während ich Moaaz' Erzählungen lauschte.

Mich interessierte auch, was Moaaz besonders an seiner Schule gemocht hatte und was vielleicht nicht. »Meine Lieblingsfächer waren Geschichte und Erdkunde, andere Länder und Kulturen fand ich schon damals spannend«, verriet Moaaz mir und fuhr fort: »Obwohl ich natürlich nicht geahnt habe, dass ich selbst einmal durch die Welt wandern und in einem fernen Land leben würde. Englisch mochte ich nicht so gern. Die Lehrerin war immer so streng. Da ahnte ich noch nicht, wie wertvoll es eines Tages für mich sein würde.«

Innerlich stimmte ich ihm zu. Als wir uns überlegten, einen jungen Mann aus Syrien aufzunehmen, war uns besonders wichtig, dass wir uns zumindest auf Englisch mit ihm verständigen konnten. Ich hatte mir nicht vorstellen können, dass jemand in unserer Familie lebte, mit dem ich überhaupt kein Wort wechseln könnte. Wie hätte ich ihm unser Leben und unsere Gedanken erklären sollen? Ich dachte daran, wie schwer es für nur Arabisch sprechende Flüchtlinge sein musste. Wie sollten sie sich in der Stadt zurechtfinden? Wie sollten sie in Kontakt kommen mit Deutschen? Mal ganz abgesehen von der Erledigung aller bürokratischen Dinge.

Am besten kamen Moaaz und ich miteinander ins Gespräch, wenn wir zusammen einkaufen gingen. Dann hatten wir ein wenig Zeit zum Reden und zum Austausch über all die Dinge, die anlagen oder uns bewegten. Zu Hause kamen wir nicht so häufig dazu, meine Tage waren bis zum Anschlag durchgetaktet. Ich hatte Moaaz ja nicht aufgenommen, weil meine Kinder ausgezogen waren, ich weniger gearbeitet hätte oder mich unausgefüllt fühlte. Was ich ihm bieten konnte, waren eine Unterkunft, ein offenes Ohr und Hilfe, wenn sie wirklich gebraucht wurde. Das war's. Mehr konnte ich nicht leisten – meistens. Der Rest lief wie in anderen Großfamilien auch. Juri und Johann halfen Moaaz manchmal bei den Schulaufgaben, die er aus dem Deutschkurs mitbrachte, und übten Lesen mit ihm. Jonah nahm ihn mit in den Fußballverein, und wenn die Jungs am Abend Besuch von Freunden bekamen, holten sie ihn auch dazu.

Neulich fragte meine Mutter: »Und? Sitzt ihr abends manchmal zusammen? Hast du schon ein paar Worte Arabisch gelernt und viel über die arabische Kultur erfahren?«

Meine Antwort lautete dreimal Nein. Wenn ich abends keine Hausarbeit erledigte, lag ich auf dem Sofa und las oder guckte mit Juri fern. Manchmal verabredete ich mich auch mit Freunden zum Essen. Und Arabisch zu lernen steht nicht unter den ersten zehn Dingen auf meiner Freizeitwunschliste. Außerdem erschien es mir für Moaaz' Entwicklung viel wichtiger, dass er Deutsch sprach und unsere Kultur kennenlernte, als umgekehrt.

An allererster Stelle aber stand das Vertrauen, das er wiedererlangen sollte, und es wuchs durch unsere Gespräche.

»Familie und das Familienleben sind mit das Wichtigste in meinem Leben«, erzählte er eines Tages, als wir auf dem Weg zum Supermarkt waren. »Zu meiner Familie gehören nicht nur Eltern und Geschwister, sondern auch Großeltern, Tanten und Onkel, Cousinen und Cousins. Ich liebte nicht nur meine ›Zitronentante‹ sehr, sondern auch meine Großmutter. Sie lebte mit der Schwester meiner Mutter nicht weit von unserem Haus entfernt. Jeden Donnerstag besuchten wir sie mit der ganzen Familie. Dann kochte sie süßen Reis für uns. Die Erwachsenen haben Familienneuigkeiten ausgetauscht, getratscht und viel gelacht. Meine Geschwister und ich haben rumgetobt, gespielt, gelacht und manchmal sogar zusammen im Wohnzimmer getanzt.«

Bei uns tanzen die Menschen bei Familientreffen meist nicht im Wohnzimmer, dachte ich im Stillen. Über die »schräge« Familie wird eher gelästert, bestenfalls geschmunzelt, der Besuch von Tanten und Onkeln, Omas und Opas »und der ganzen buckligen Verwandtschaft« häufig eher als Last gesehen. Warum ist bei uns das fröhliche und selbstverständliche Miteinander von Generationen oft so schwer?, fragte ich mich. Das typisch deutsche Sprichwort »Besuch macht zweimal Freude. Wenn er kommt und wenn er wieder geht« versteht in Syrien wahrscheinlich kein Mensch. Dafür ist die arabische Gastfreundschaft sprichwörtlich.

Nicht ohne Wehmut hörte ich Moaaz zu, merkte, wie ich ihn um einige Erlebnisse beneidete und wie ich durch die Erzählungen begann, mein Familienbild zu überdenken.

Ein anderes Mal erzählte Moaaz: »Jedes Jahr während des Fastens im Ramadan lud meine Großmutter uns einmal zu einem besonderen Essen ein. Ich konnte es an diesem Tag kaum abwarten, nach der Schule zu ihr zu gehen. Am Abend kam der Rest der Familie, und nach Sonnenuntergang haben wir dann gemeinsam gegessen. Als ich elf Jahre alt wurde, erkrankte meine Großmutter. Sie war erst sechsundsechzig, aber nach einer Operation war sie halbseitig gelähmt und kam nie wieder auf die Beine. Wir haben sie natürlich weiterhin besucht, aber die fröhlichen Zeiten bei ihr, die waren vorbei.«

»Familientradition bei uns zu Hause war auch das gemeinsame Fernsehen am Abend«, fuhr Moaaz bei einer anderen Gelegenheit fort. Wir waren – wie so oft – vom Supermarkt zurückgekehrt und räumten die Einkäufe ein.

Fernsehen – ein spannendes Thema. Ich liebte die Familien-Filmabende bei uns zu Hause. Allerdings gab es lange Zeit hitzige Diskussionen bei der Auswahl der Filme. Mit Jungs einen Film zu finden, der auch mir gefiel, wurde zur »Mission: Impossible«. Ich war in der Minderheit, gab nach und auf. Wenn ich gemeinsame Familienfilmzeit mit meinen größeren Jungs auf dem Sofa verbringen wollte, war das nur mit dem »Terminator« möglich, bei »Fast & Furious« und »Batman«. Was wohl Moaaz' Mutter mit ihren sechs Kindern geguckt hatte …

»Und was habt ihr euch angeschaut?«, wollte ich wissen. »Syrian Drama«, meinte Moaaz. »Alle guckten das. Ich durfte Chips und Erdnüsse essen und habe es immer sehr genossen, wenn wir alle zusammen waren.«

»Syrian Drama«, die syrische Kultserie, ist die arabische

Antwort auf unsere Seifenoper »Gute Zeiten, schlechte Zeiten«. Sie läuft täglich im syrischen Fernsehen und erzählt, ähnlich wie unsere Soaps, Liebesgeschichten und Beziehungsdramen, die wenig mit dem Leben gläubiger Muslime zu tun haben. Der einzige Unterschied zu unseren Soaps ist, dass die Liebesszenen an der Schlafzimmertür enden. Und es gibt beim »Syrian Drama« auch Komödien für Kinder und die ganze Familie.

»Und was fandest du sonst noch spannend? Was durftest du außer ›Syrian Drama‹ sehen?«, hakte ich nach.

»Fußball!«, antwortete Moaaz. Keiner meiner vier Jungs hätte etwas anderes geantwortet. »Aber noch lieber, als Fußball im Fernsehen zu gucken, gehe ich ins Stadion«, fügte Moaaz hinzu. »Meine Lieblingsmannschaft war al-Karama aus der Stadt Homs.«

»Ist es bei euch im Sommer und im Winter warm? Oder gibt es einen echten Winter?«, fragte Juri, als er sich zu uns gesellte. Er hatte keine Vorstellung von Syrien. Er kannte das Land nur aus den Nachrichten. Und dort sprach keiner über die wunderschöne Landschaft und die Jahreszeiten. Über das Land, wie es vor dem Krieg gewesen war.

Moaaz begann von seiner Heimat zu schwärmen. »Wir sind in den Sommerferien oft mit der ganzen Familie nach Latakia gefahren. Das ist ein Ferienort am Meer, der früher wunderschön war. Wir haben ein Haus am Strand gemietet, sind geschwommen, haben Muscheln gesammelt und Tagesausflüge mit dem Boot zur Insel Aruad gemacht. Ich erinnere mich daran, wie lecker dort der frische Fisch im Restaurant am Hafen geschmeckt hat. 2009 waren wir zum letzten Mal in Latakia. Dass wir nicht wiederkommen wür-

den, hätte ich mir damals nicht im Traum vorstellen können. Und die Winter sind sagenhaft schön. Bei uns ist es
kalt, und es gibt ganz viel Schnee«, erklärte Moaaz. Seinen
ersten Winter in Deutschland hatte er mit Regen, Nebel,
Matsch und frühlingshaften Temperaturen verbracht und
dachte vermutlich, dass wir noch nie Schnee gesehen hätten. »Wir sind auf Plastiktüten die Hänge der Berge rund
um die Stadt runtergesaust und waren auf den Eisbahnen
Schlittschuh laufen.« Wieder einmal klappte Moaaz meinen
Laptop auf, um uns Bilder von seiner Heimat zu zeigen.
»Man muss Syrien vor 2010 eingeben«, erklärte er uns.
Dann klickte er auf YouTube einen Film an. Und da waren
sie, die Bilder, die nicht in den Nachrichten zu sehen waren: von fruchtbaren Tälern, Meer und Strand, Bergen und
Schnee, prächtigen Städten und hübschen Dörfern und
vielem, vielem mehr. Ich spürte einen Kloß im Hals. Und
Moaaz änderte abrupt das Thema.

»Später kam ich auf das Gymnasium. Heute denke ich dabei vor allem daran, dass wir jeden Morgen auf dem Pausenhof die Nationalhymne gesungen haben, ›Humat ad-Diyar‹,
übersetzt heißt das: Hüter der Heimat. Das war Pflicht vor
dem Unterrichtsbeginn. Wir Schüler kannten jedes Wort
und hätten das Lied im Schlaf singen können. Es war das
Lied der syrischen Armee, und der Text versprach, die Menschen in der Heimat zu behüten und zu schützen. Alle Schüler haben das damals natürlich geglaubt. Mit dem Krieg aber
hat das Lied später eine ganz andere Bedeutung bekommen.
Heute sind die Kinder, die damals vertraut haben, tot. Ich
möchte dir den Text gern zeigen ...« Im Internet suchte er
»Humat ad-Diyar« und klickte Wikipedia an.

حماةَ الـدِيارِ عليكمْ سـلامْ
ابَتْ انْ تـذلَّ النفوسُ الكرامْ
عرينُ العروبةِ بيتٌ حَـرامْ
وعرشُ الشّموسِ حمَىً لا يُضامْ
ربوعُ الشّـآمِ بـروجُ العَـلا
تُحاكي السّماءَ بعـالي السّـنا
فارضٌ زهتْ بالشّموسِ الوضّـا
سَـماءٌ لَعَمرُكَ او كالسّـما

رفيفُ الأمـاني وخَفقُ الفؤادْ
عـلى عَلَمٍ ضَمَّ شَملَ البلادْ
اما فيه منْ كُلِّ عـينٍ سَـوادْ
ومِنْ دمِ كلِّ شَـهيدٍ مِدادْ؟
نفوسٌ أبـاةٌ ومـاضٍ مجيـدْ
وروحُ الأضاحي رقيبٌ عَـتيدْ
فمنّا الوليدُ و منّـا الرّشيدْ
فلِـمْ لا نَسُـودُ ولِمْ لا نشيد؟

Ich las die Übersetzung dazu:

»Beschützer des Heimatlandes, Frieden sei mit euch!
Unser stolzer Geist wird nicht unterworfen werden,
die Wohnstätte des Arabismus ist ein geweihtes Heiligtum,
so wie der Thron der Sonnen ein unüberwindliches Reich ist.
Die weiten blühenden Ebenen Syriens sind wie erhabene
Türme,
sie berühren den höchsten Himmel.
So ein Land, das blüht durch das Leuchten seiner Sonnen,
ist so wie ein Himmel oder sogar der Himmel selbst.
Das Wehen der Hoffnungen und das Schlagen des Herzens
sind in der Flagge, die ein ganzes Land vereinigt.
Ist da nicht die Schwärze des Auges und
die Tinte aus dem Blut der Märtyrer?

Unser Geist ist trotzig und unsere Geschichte ruhmreich,
und die Seelen unserer Märtyrer sind große Wächter.
Von uns stammen Al-Walīd und ar-Raschīd.
Warum sollen wir nicht blühen, und warum sollen
wir nicht bauen?«

»Mein Syrien gibt es nicht mehr«, beendete Moaaz seine Geschichte.

Juri wirkte nachdenklich. Vielleicht war er erstaunt darüber, dass es auch schöne Bilder aus Syrien gab. Ich selbst hatte das ebenso verdrängt. Und ich spürte, wie ihn die Erzählung der singenden Kinder berührt hatte.

»Ich habe vier Jahre meines Lebens im Krieg verloren. Vier Jahre voller Angst. Vier Jahre, in denen ich geliebte Menschen verloren haben. Vier Jahre, in denen wir keinen normalen Alltag leben konnten. Vier Jahre, in denen ich gehofft hatte, dass alles vorübergehen würde. Dann habe ich aufgegeben, meine Familie zurückgelassen und mich auf den Weg nach Deutschland gemacht. Nicht einmal mehr Fotos habe ich, die ich später meinen Kindern zeigen könnte. Nicht von mir und meiner Familie, nicht von meiner Lieblingsstadt Damaskus, nicht von all den schönen Erlebnissen und wunderbaren Reisen.« Auch sie lagen irgendwo mit all den Ideen, Träumen und Wünschen eines jungen Mannes nahe Damaskus begraben.

»Jetzt mache ich neue Fotos von meiner neuen Heimat Hamburg!«, sagte Moaaz entschlossen. »Die werde ich dann später meinen Kindern zeigen.«

6

Begegnungen der dritten Art...

*... sind einige Erlebnisse auf der Stadtteilschule für
Moaaz: Mädchen tragen »wenig Kleidung« und
kuscheln Arm in Arm miteinander, Schüler knutschen
im Schulflur. Und ich muss das alles erklären.*

Warten auf die Zusage zum Deutschkurs, warten auf das
Asylgespräch, warten auf Bescheide, warten auf Unterstützung, warten darauf, endlich in Deutschland lernen, studieren, arbeiten und leben zu dürfen. Unerträglich für die
meisten Flüchtlinge war nach der Flucht das ewige Warten. Es hatte eine ganz andere Qualität als das »arabische
Warten« – auf den Bus, in der Arztpraxis, auf Gäste –, das
zum normalen Leben in der Heimat gehörte. Es war dieses nicht absehbar scheinende Warten auf das Richtig-mit-
leben-Können im neuen Land. Stattdessen war Moaaz, wie
so viele andere Geflüchtete, zum Nichtstun und zur Lange-
weile gezwungen. Die Behörden waren dem Ansturm von
Menschenmassen nicht gewachsen und erstickten in An-
trägen. Und ich merkte, welchen Einfluss diese Form des
Wartens auch auf Moaaz hatte, wie sehr es sich auf seine
Stimmung auswirkte. Moaaz lachte kaum, wirkte niedergeschlagen, müde und oft abwesend. Während wir alle durch
unsere so vollgestopfte Woche galoppierten, zog Moaaz sich

häufig in sein Zimmer zurück, schaute sich YouTube-Filme an und Nachrichten aus dem Netz, chattete mit Freunden in Hamburg und Syrien, schlief. Ich versuchte, ihn in das Familienleben einzubeziehen, ihn ein wenig mit Hausarbeit zu beschäftigen, aus seinem Zimmer zu locken. Er ging zwar auf meinen Wunsch nun regelmäßig mit Carlo spazieren und begleitete mich auch häufig zum Einkaufen, aber noch immer verbrachte er nach meinem Gefühl zu viel Zeit allein. Ein guter Weg, um aus der Antriebslosigkeit und den negativen Gedanken herauszukommen, ist ein geregelter Tagesablauf, hatte ich gelernt. Wenn es mal keine Aufgabe und keinen geregelten Tagesablauf gab, schlug das auch bei uns häufig auf die Stimmung. Wie oft hatte ich am Ende der Schul- oder Semesterferien übelst gelaunte Jungs zu Hause, die überall rumlagen, von Tag zu Tag missmutiger wurden und nichts mit sich anzufangen wussten. Kaum hatte die Schule wieder angefangen, meckerten sie zwar sofort wieder über diese, weil das irgendwie zum guten Ton gehörte, aber eigentlich waren das Zusammenleben und die Stimmung im Haus besser, wenn alle zu tun hatten.

Einige Wochen nachdem Moaaz bei uns eingezogen war, besuchten wir am Wochenende zum »Tag der offenen Tür« die Grund- und Stadtteilschule in Blankenese, die Juri und Johann besuchten. Wir schlenderten über den Schulhof, und die beiden Kleinen führten Moaaz stolz herum. Als wir uns mit Saft, Kaffee und Kuchen in der Cafeteria niedergelassen hatten, sprach eine Lehrerin unsere bunte Familie an und fragte Moaaz, ob er nicht Lust hätte, am Deutschkurs für Flüchtlinge an der Schule teilzunehmen. An drei Vormittagen in der Woche unterrichtete ein Team von aktiven und pensionierten Lehrerinnen der Schule ehrenamtlich von neun bis halb zwölf eine Handvoll Flüchtlinge. Mehr als ein Glücksfall! Endlich eine Aufgabe für Moaaz! Und er war sofort begeistert. Gleich in der nächsten Woche fing er an. Bis auf das morgendliche Aufstehen, was die größte Herausforderung des Tages für Moaaz war, machte ihm der Kurs Spaß.

Für meine Kinder nur das Beste!, dachte ich und fand, da ging noch mehr in Sachen Beschäftigung. Nach etwa zwei Wochen fragte ich eine der Lehrerinnen, ob es vielleicht möglich sei, dass Moaaz vor und nach dem Deutschunterricht am normalen Unterricht einer Klasse teilnehmen könne.

Ich war überrascht, wie schnell und spontan wir die Zusage bekamen. Moaaz durfte ab sofort die zehnte Klasse besuchen. Manchmal klappt es auch in Deutschland unbürokratisch.

Juri und Johann freuten sich riesig. Jetzt absolvierte ihr »Ziehbruder« nicht nur einen Deutschkurs an ihrer Schule, sondern würde mit ihnen auch hin- und zurückfahren und als »echter« Schüler ihren Alltag teilen. Moaaz war weniger glücklich über die gemeinsame Hinfahrt, denn dazu gehörte, dass er noch eine Stunde früher aufstehen musste.

Am nächsten Morgen setzte ich die Jungs an der Schule ab. »Tschüss«, rief Juri Moaaz zu und verschwand in seiner Klasse. Johann nahm Moaaz an die Hand. Groß und Klein gingen gemeinsam über den Pausenhof und verschwanden im Schulgebäude.

Mir war klar, dass Moaaz im normalen Unterricht anfangs kaum etwas verstehen würde. Aber ich hoffte, dass es ihm einfach guttun würde, unter Jugendlichen zu sein, und er sich wohler und besser als allein zu Hause fühlen würde.

In der ersten Zeit hatten natürlich alle mitgeholfen, Moaaz das Einleben zu erleichtern, ihm unseren Tagesablauf und den Alltag zu erklären. So war Juri mit ihm und Carlo spazieren gegangen. Er hatte Moaaz gezeigt, auf welche Kommandos Carlo hört, und ihm erklärt, wie man überhaupt einen Hund erzieht. Eine Zeit lang hatte Johann auch mit Moaaz zusammen in seinen Comics gelesen und mit ihm schreiben und lesen geübt. Später hatte die Großmutter das komplett übernommen. Sobald der Alltag sich eingependelt hatte, verbrachten meine Söhne leider weniger Zeit mit Moaaz, als ich mir gewünscht hätte. Aber sie verbrachten auch weniger Zeit mit mir, als ich mir das früher mal ausgemalt hatte. Weil sie neben ihrer Schule tausend eigenen Interessen nachgingen, die nicht nur wenig bis gar nichts mit meinem Leben zu tun hatten, sondern auch nicht zu Moaaz' Freizeitbeschäftigungen gehörten. Integration hin und her: So wenig, wie ich vor dem Wohnzimmerspiegel posen werde, um meine Muskeln zu bewundern, meine Freunde in diesem Leben mit »Digga« oder »Alter« begrüßen werde, wird Moaaz niemals das Bedürfnis verspüren, täglich mehrere Stunden Sport zu treiben oder pausenlos Partys zu feiern.

Dazu waren alle Jungs außerhalb der Schule fast ausschließlich mit Fußball, Basketball, Hockey oder Krafttraining beschäftigt.

»Hey, Moaaz, kommst du mit zum Fußballtraining in meinem Verein?«, hatte Jonah Moaaz kurz nach seinem Einzug gefragt und ihn tatsächlich dazu überreden können.

Vermutlich ging Moaaz damals nur aus Höflichkeit mit. Denn, so erfuhr ich hinterher: Er hatte das Spielfeld nach kurzer Zeit wieder verlassen.

»Ich bin das Laufen gar nicht gewohnt«, erklärte er mir. Aber mir hatte er ja auch erzählt, dass er schon als Kind in seiner Heimat lieber zugeschaut hatte, als selbst zu spielen. An Sport schieden sich auch bei uns die Geister – und Moaaz mochte es eben gemächlicher. Von »übertriebener körperlicher Anstrengung« hielt er eher wenig. Außerdem hatte er Dinge erlebt, von denen meine Söhne trotz Nachrichten glücklicherweise keine Vorstellung hatten. Auch das stand ganz stillschweigend zwischen ihnen.

Meine Jungs waren Moaaz wohlgesinnt, sorgten sich um sein Wohlbefinden, hatten immer ein Auge auf ihn und nahmen sensibel wahr, wie es ihm ging. Es war selbstverständlich für sie, dass wir gemeinsam im Restaurant essen gingen und Moaaz bei allen Familienfesten dabei war. Nur: Im Alltag verband sie wenig. Die Jungs waren bereit gewesen, einen völlig fremden Menschen aufzunehmen. Sie waren bereit gewesen, ihr Zuhause zu teilen, und damit auch ausschlaggebend dafür gewesen, dass Moaaz überhaupt bei uns wohnte. Und das war doch die Hauptsache. Ich selbst führte mein Leben weiter wie bisher, und das wollten meine Jungs auch. Wie so oft waren meine Mutteransprüche wohl zu hoch.

Natürlich bekam Moaaz im täglichen Zusammenleben bei uns einen Einblick in das Leben deutscher Kinder und Jugendlicher, aber das Eintauchen in die Schulwelt war noch mal eine ganz andere und besondere Situation. Ich hatte jahrzehntelange Erfahrung mit den speziellsten Erlebnissen mit meinen wilden Söhnen hinter mir. Der Film »Unheimliche Begegnung der dritten Art« kam mir in den Sinn, und ich wünschte meinem höflichen, gut erzogenen und schüchternen Ziehsohn freundliche Kontaktaufnahme mit den Außerirdischen.

Als ich die Jungs am Nachmittag von der Schule abholte, war ich sehr gespannt, was Moaaz mir von seinem ersten Tag erzählen würde. Aber bevor es dazu kam, gab es eine ganz andere »außerirdische« Begegnung. Juri und Moaaz saßen schon im Auto, als Johann um die Ecke geflitzt kam. Er riss die Tür auf und konnte vor Lachen kaum einsteigen.

»Sagt der Mann zur Frau: ›Meine Schlange will in deinen Urwald...‹«

Juri verdrehte die Augen und stöhnte genervt, und ich hoffte, wie häufiger in letzter Zeit, dass Moaaz nichts verstanden hatte. Sexualkunde im Sachunterricht war nicht immer ein Segen. Auch die Witze, mit denen Johann unsere Familie seit der ersten Aufklärungsstunde unterhielt, waren eher drittklassig.

Zum Sexualkundeunterricht fiel mir spontan mein Lieblings-Elternabend ein. Damals ging Jonah in die dritte Klasse. Er hatte eine junge, fröhliche und extrem engagierte Lehrerin, die von allen Schülern heiß und innig geliebt wurde. Thema des besagten Elternabends war die Aufklärung im Biounterricht: Geschlechtsverkehr und die Anatomie der Geschlechtsorgane. Zur Veranschaulichung hatte die Lehrerin mit den Schülern einen Ausflug ins »Universum-Bremen« gemacht. Dieses Mitmach-Museum versucht Wissenschaft mittels interaktiver Expeditionsreisen allgemein verständlich zu machen – in diesem Fall die Anatomie der Frau. So waren die wissbegierigen Drittklässler mit ihrer passionierten Lehrerin durch eine begehbare Gebärmutter marschiert. Schon die begeisterte Erzählung der Lehrerin über den Ausflug und die Erfahrungen im Frauenkörper hatte einige Eltern an die Grenzen ihres Humors gebracht. Der Rest verstummte etwas später.

»Im Klassenraum haben wir letzte Woche Kondome mit Wasser gefüllt und die Saugfähigkeit von Binden getestet…« Noch mehr Spaß, als die begeisterte Lehrerin zu beobachten, bereitete es mir, in die Gesichter der Eltern zu schauen.

Und ich bin sicher, auch Johann hätte die Wanderung durch die Gebärmutter begeistert. Wer weiß, zu welchen Witzen ihn dieser Ausflug inspiriert hätte.

»Tür zu und anschnallen!« Ich beschloss, seinen Dschungelwitz zu ignorieren. Viel mehr interessierte mich heute Moaaz' Erfahrung.

»Wie war dein erster Tag in der Schule?«, fragte ich ihn. »Kapierst du den Witz denn nicht, Mami?«, versuchte Johann es noch einmal. »Sagt ein Mann …«

»Stopp, Ruhe, Moaaz ist dran«, unterbrach ich ihn. Beleidigt schwieg er.

»Not good!«, antwortete Moaaz.

Was hieß »Nicht gut«? Sofort machte ich mir Sorgen. Hatten die Schüler Moaaz ausgegrenzt? Waren sie nicht nett zu ihm gewesen?

»Very friendly«, erwiderte er auf meine Fragen hin. »But – boys and girls, they do things … I don't understand.«

Johann bekam große Ohren. Vermutlich hoffte er, im

Verlauf des Gespräches Material für weitere Witze sammeln zu können. Ich beschloss, das Gespräch mit Moaaz zu verschieben. Als wir später gemeinsam mit Carlo spazieren gingen, erzählte er mir von seinem Schulleben in Syrien.

»An staatlichen Schulen sind bei uns Mädchen und Jungen getrennt. Und alle Schüler haben Schuluniformen. Die kleineren Kinder tragen einen blauen Mantel über der Hose und dazu, je nach Altersstufe, rote, grüne und orange Tücher. Jugendliche tragen Hose und Jackett. Die Jungs darunter ein blaues Hemd, die Mädchen ein rosafarbenes.«

Wie gut, dass wir Winter haben, dachte ich. Die »Uniform« an unseren Schulen hatte wenig mit Jackett und Bluse zu tun. Im Sommer wäre Moaaz dazu mit kurzen Röcken, knappen Tops und Hotpants konfrontiert worden. Und das verwirrte ja nicht nur Moaaz und Muslime, sondern lenkte auch viele heranwachsende Jungs vom Unterricht ab und überforderte sogar den einen oder anderen Lehrer. Daher gab es bei uns ja auch immer wieder die Diskussionen um eine Kleiderordnung in der Schule und den Sinn und Unsinn von Schuluniformen.

Während wir beobachteten, wie Carlo vergnügt mit einer jungen Pudelhündin über die Wiese tobte, vertraute Moaaz mir schüchtern an, was er mit »things« gemeint hatte.

»Die Mädchen und Jungs haben sich angefasst, umarmt, sogar geküsst. Die Schule ist doch zum Lernen da und nicht zum Küssen. Ich war auf einer Jungsschule damals in Damaskus. Trotzdem haben wir uns natürlich auch für Mädchen interessiert. Wir sind manchmal nach Schulschluss in die Nähe der Mädchenschule gegangen und haben Mädchen, die uns gefielen, Zettel mit Komplimenten zugesteckt. Aber Küssen in der Schule? Was denkst du darüber? Gab es das auch in deiner Schulzeit? Ist das normal in Deutschland?«

Hmmm – was dachte ich? Dreimal »Ja«.

Jungs und Mädchen verbringen nun einmal die längste Zeit des Tages gemeinsam an der Schule. Und das in einer Zeit, in der die Hormone verrücktspielen. Wen wundert's, dass auch die ersten Beziehungserfahrungen dort stattfinden.

Mein Outfit in der achten Klasse war weit entfernt von blauem Jackett und rosa Bluse: zehn Zentimeter hohe Absätze, hautenge Jeans, tief ausgeschnittenes Shirt, Lidschatten wie zum Karneval und dazu ein betörender Duftcocktail aus einer halben Flasche Billigparfüm. Ich glaube, ich bin schon mit vierzehn durch die Schule gestöckelt wie die Damen aus Moaaz' Lieblings-Soap. Peinlich, aber wahr, und ich stehe dazu, dass ich das damals supercool fand. Und ähnliche Liebesdramen und erotische Annäherungen wie im »Syrian Drama« hatten sich auch bei uns am Gymnasium abgespielt.

Meine Freundinnen und ich waren in der Schulzeit hauptsächlich damit beschäftigt, Jungs und Beziehungen zu verwalten. Wer geht mit wem? Warum ist Moni mit Erik zusammen, was muss ich tun, um Peer zu erobern? Im Unterricht schrieb ich Liebesbriefe und geheime Botschaften statt Vokabeln von der Tafel ab. Und hinter den Nebengebäuden trafen sich auch einige Schüler zum Knutschen.

Küssen statt lernen – was dachte ich darüber?

»Wir sind stolz darauf, dass wir ein freies Land sind. Und zu unseren Grundrechten gehört die Handlungsfreiheit mit

freier Kleiderwahl und freiem Umgang mit Beziehungen.«
Aber trotzdem musste ich Moaaz ein wenig recht geben:
Auch wenn es nicht zu unserer Vorstellung von Freiheit,
Selbstbestimmtheit und Offenheit passt – die Vorteile einer
eigenen Schule für Jungen und Mädchen liegen zumindest
für mich klar auf der Hand: weniger Ablenkung und bes-
sere Zeugnisse.

Erschrocken zeigte Moaaz sich ebenfalls über die Respekt-
losigkeit mancher Schüler den Lehrern gegenüber. Auch
die Unruhe im Klassenraum war für ihn ungewohnt. In
Damaskus hatte Moaaz' Schultag mit dem Singen der Nationalhymne auf dem Schulhof begonnen und war insgesamt
viel strenger geregelt gewesen.

»Schüler, die ihre Hausaufgaben nicht gemacht haben,
die Haare zu lang tragen oder unordentlich angezogen sind,
werden bei uns von den Lehrern mit einem Holzstock auf
die Innenflächen der Hände geschlagen«, erzählte er mir.
Dann fügte er hinzu: »Kinder sollten niemals geschlagen
werden, aber ständiges Dazwischenreden finde ich auch anstrengend, oder dass Schüler einfach, ohne zu fragen, mitten im Unterricht rauslaufen.«

Nur eines hatten die Schulen wohl gemeinsam: Essen
während des Unterrichts war verboten. Ich fand es lustig,
dass Moaaz sich ausgerechnet darüber empörte.

»Essen sollte niemals verboten werden. Findest du es
nicht besser, wenn Schüler ein Brot essen und dabei aufmerksam dem Unterricht folgen, als hungrig und unkonzentriert immer nur auf die Pause zu warten?«

Ob mit oder ohne Brot: Ich hatte vor unserem Gespräch

gelesen, dass es heute für über zwei Millionen syrische Kinder überhaupt keinen Unterricht mehr gab. Für viele von ihnen schon seit einigen Jahren nicht. Einfach deswegen, weil es überhaupt keine Schulen mehr gab. Als Moaaz 2012 Abitur gemacht hatte, herrschte bereits Krieg in Syrien. Damals gab es noch regelmäßig Unterricht. Aber trotzdem blieb Moaaz zwei Monate vor seinem Abitur dem Unterricht häufig fern. Nachdem sein Vater gestorben war, hatte er einfach nicht mehr die Kraft, die Schule zu besuchen. »Ich habe mich selbst zu Hause auf das Abitur vorbereitet«, erzählte er. »Und dann drei Wochen vor der Prüfung an einem Vorbereitungskurs teilgenommen.«

Er schaffte das Abi mit voller Punktzahl und guten Noten.

»Meine Mutter kochte ein schönes Essen. Meine Tanten und Cousinen kamen in unser Haus und brachten Geschenke für mich mit. Aber die Stimmung war traurig, nach Feiern war niemandem zumute.«

Wie so oft verglich ich das Erzählte mit unserem Leben. Dieses Jahr sollte auch Jonah Abitur machen. Eines seiner Prüfungsfächer? Biologie. Wen wunderte es, nach den Erlebnissen in der Gebärmutter in Bremen... Und er war schon ein halbes Jahr vor der Prüfung fast ausschließlich mit Feiern beschäftigt. Nach meinem Gefühl verbrachte er weit mehr Zeit damit, sich auf die sogenannten »Motto-Tage« vorzubereiten als auf die Prüfung. Es gab Tage, an denen ich meinen Sohn gar nicht wiedererkannte: zum Beispiel als das Motto »Nutten und Zuhälter« lautete. Im Plüschpelzmantel, mit Muskelshirt und Sonnenbrille verließ er das Haus. Was immer noch besser war als das darauffolgende Motto »Unsichtbar«. Da musste Jonah sich nicht mal verkleiden, sondern blieb einfach nur dem Unterricht fern. Und auch das Motto »Blau« hatte weniger mit der Farbe zu tun als vielmehr damit, wie viel Promille man sich schon bis zum Schulbeginn einverleiben konnte. Irgendwann wäre es dann tatsächlich geschafft. Er würde sein Abiturzeugnis in der Hand haben, und es würde ein rauschendes Fest für Schüler und Eltern geben.

Was Moaaz anging, hatte ich mich geirrt. Er war nicht glücklicher an der Schule und unter Schülern als allein zu Hause. Das Schönste am Schultag blieben für ihn die Begegnungen mit Johann auf dem Schulhof, der jedes Mal auf ihn zugelaufen kam und ihn umarmte.

»Alle Schüler sind viel jünger, und ich fühle mich sonderbar unter ihnen. Und ich habe schon in Syrien Abitur gemacht. Warum soll ich hier wieder im Unterricht sitzen?«, erklärte er mir. Nach drei Wochen in der zehnten Klasse verabschiedete er sich von seinen Mitschülern und konzentrierte sich wieder allein auf seinen Deutschkurs.

»Wir dürfen manchmal in der Schule sogar auch am Computer arbeiten«, erzählte Johann stolz beim Abendessen. Klar, dachte ich. Man kann die Kinder nicht früh genug auf die Medienwelt vorbereiten. »Vincent und ich wollen jetzt eine eigene Webseite machen«, fuhr er fort und schaute fröhlich in die Runde. Auf unser Bitten und Drängen ließ er sich wenig später dazu hinreißen, uns Namen und Idee zu verraten: »Sie soll www.Möpse.de heißen. Es geht um Hunde und andere Dinge …« Dann fiel ihm vor Lachen ein Stück Käsebrot aus dem Mund, und ich begann zu verstehen, warum ich außer dem Lieblingsfreund so selten andere Spielkameraden bei uns sah. Meinem Kind würde ich auch den Umgang mit so einem Neunjährigen verbieten!

Am Abend hatten Jonah und Justus Freunde eingeladen. Sie saßen in einer fröhlichen Runde im Garten, tranken Bier und rauchten. Moaaz war auch dabei, rauchte ebenfalls und machte ein sehr entspanntes Gesicht. Als ich hinausging, um die Jungs zu begrüßen, irritierte mich der süßliche Geruch ein bisschen… Aber ich freute mich so sehr darüber, dass nun doch einmal alle etwas zusammen taten, dass ich weiterführende Gedanken dazu ignorierte.

Ich glaube, Moaaz hatte recht. Er brauchte nicht die Jugendlichen in der Stadtteilschule, um etwas über das Leben deutscher Kinder und Jugendlicher zu erfahren.

Was für Moaaz überraschend und oft auch irritierend war, war der Ton zwischen Erwachsenen, Kindern und Jugendlichen. Und zwar nicht nur in der Schule zwischen Lehrern und Schülern, sondern auch zu Hause.

»Deine Söhne diskutieren oft mit dir, wenn du sie fragst, ob sie mit dem Hund rausgehen können oder im Haushalt helfen. Das finde ich komisch. In meiner Familie ist es nicht üblich zu widersprechen, wenn die Eltern etwas anordnen oder um etwas bitten.«

Das klang nach einem paradiesischen Dasein für syrische Mütter. Mal ehrlich: Natürlich bin ich stolz darauf, dass Kinder heute freier mit ihren Eltern kommunizieren als in meiner Jugend, aber wenn meine Söhne vor mir rumspringen und mit scheibenwischerähnlichen Handzeichen meine

Bitten oder mein Verhalten kommentieren, frage ich mich schon, was bei uns in der Erziehung falsch gelaufen ist.

»Es macht mir ein schlechtes Gefühl, wenn in der Familie gestritten wird«, sagte Moaaz mit ernstem Gesicht. »Die Zeit, die Eltern und Kinder gemeinsam verbringen, ist kurz und sehr kostbar.«

Vielleicht sollte ich diesen Satz ausdrucken, ausschneiden und an unseren Kühlschrank pinnen …

7

Der Bart muss ab! Muss er?

Körperpflege lassen Jungs gern mal entspannt angehen.
Als Jungsmutter bin ich Diskussionen darüber gewohnt.
Aber wie spricht man mit einem fremden jungen Mann
über dieses sensible Thema? Gedanken zum
Hygienetalk von Mama zu Mann.

Was für Jungs normal ist, verstehe ich auch nach zwanzig Jahren als Jungsmutter nicht. Mein Leben allein mit meinen Söhnen fühlt sich manchmal wie ein Jahresabo im Zoo an.

Vor allem in puncto Ordnung, Sauberkeit und Körperhygiene. Nicht selten blockieren Sporttaschen, mit Schweiß getränkte Turnschuhe, schlammige Schienbeinschoner, verdreckte Fußbälle die Haustür und umhüllen mich bei der Heimkehr mit Duftwolken, die mich an den Geruch des mächtigen Silberrückens erinnern, den ich auf einer Gorilla-Expedition im Dschungel von Uganda »beschnuppern« durfte.

Schlamperei ist ansteckend, das habe ich mit den Jahren beobachtet, überträgt sich offenbar aber nur auf Blutsverwandte. Die Kleinen lernen schnell von den Großen, was man wo liegen lässt, und auch, wer es dann am Ende wegräumt: nämlich ich. Wenn auch unter Gezeter.

Moaaz war ordentlicher. Er ließ schon mal Schuhe rumstehen und Jacken rumliegen, aber auf einem wirklich erträglichen Level.

»Drei Tage ohne waschen ist völlig okay, Mami, vier Tage sind eklig. Aber nur im Sommer, wenn es heiß ist«, meint Johann. Und Jonah lebt in seinem Zimmer zeitweise tagelang zwischen leeren Joghurtbechern, schmutzigen Tellern und Klamotten, die einen Teppichboden überflüssig machen, so schön gleichmäßig hat er sie auf dem Boden verteilt.

Ob es also um Kloregeln geht, um müffelnde Sportschuhe oder Johanns Vorstellung vom Waschrhythmus: Je nach Alter, Entwicklungsphase und aktueller Stimmung haben meine Söhne ihre eigene und sehr unterschiedliche Vorstellung von Ordnung, Sauberkeit und Körperpflege.

Ich glaube, das Thema Hygiene lassen Jungs häufig etwas entspannter angehen, als es einer durchschnittlichen mitteleuropäischen Frau lieb ist. Meckernd werfe ich Sportschuhe zum Lüften auf die Terrasse, sammele Sportklamotten und Schmutzwäsche aus allen Winkeln des Hauses auf und stopfe sie in die Waschmaschine. Und Johann stecke ich, egal ob nun Sommer oder Winter ist, regelmäßig in die Badewanne.

Auch Moaaz' Anwesenheit im Haus änderte nichts an dem fehlenden Ordnungssinn meiner Söhne. Sie nahmen keine besondere Rücksicht auf ihn, für sie war er kein Gast, sondern einfach ein weiterer Junge im Haus. Unangenehm war dieses mit Körperausdünstungen gepaarte Chaos nur mir.

Mit meinen Jungs war ich die ständigen Diskussionen darüber gewohnt. Aber wie sollte ich mit einem fremden jungen Mann über all diese doch recht sensiblen Themen sprechen?

Einige Wochen nach meinem ebenso unterhaltsamen wie überflüssigen Versuch, Moaaz Kloregeln zu vermitteln, die für ihn selbstverständlich waren, wurde Schmutzwäsche zum Thema.

Moaaz und ich kümmerten uns um die Wäsche. Das war ein Ritual, das wir beide mochten. Ich hatte gedacht, dass es für ihn ein Problem sein würde, im Haushalt mit anzufassen, da es für einen syrischen Mann eher ungewöhnlich ist, diese »Frauenarbeit« zu verrichten. Und so war es laut Moaaz' Erzählungen wohl auch bei ihm zu Hause gewesen. Aber er hatte sich mit den deutschen Gegebenheiten auseinandergesetzt. Ich hatte ihm viel davon erzählt, dass bei uns auch Männer bei der Kinderbetreuung und im Haushalt helfen. »Hast du Lust, heute ein deutscher Mann zu sein?«, war inzwischen ein geflügeltes Wort geworden, mit dem ich Moaaz um Hilfe bei der Hausarbeit bat. Die Betonung lag dabei allerdings auf »Mann«, nicht auf Junge. Denn meine Jungs erledigten zwar nach mehrfachen Aufforderungen und meist unter Stöhnen ab und zu die von mir gewünschten Arbeiten, aber der Gedanke, dass sie sich freiwillig aktiv in die Hausarbeit einbrachten, war so illusorisch wie die Hoffnung, Carlo würde lernen, keine herumliegenden Lebensmittel zu klauen.

So also saß Moaaz auch heute auf der Treppe im ersten Stock und suchte passende Partner für Dutzende einzelner sauberer Strümpfe, während ich vor einem gewaltigen Wäscheberg stand, die Klamotten sortierte und jedem Jungen seinen Stapel ins Zimmer legte. Obwohl ich nicht immer den Überblick habe, welche Kleidungsstücke zu wem gehören, fiel mir auf, dass kein Teil aus dem Wäscheberg von Moaaz stammte. Dabei war er nur mit seinen Plastiktüten angereist. Und trotz des einen oder anderen Teils, das dazugekommen war, war der Inhalt seiner Kleiderkommode sehr überschaubar. Entweder er trug immer die gleichen Klamotten, oder er wusch sie heimlich im Badezimmer.

»Wo sind deine schmutzigen Sachen?«, fragte ich ihn. »Du kannst mir ruhig alles geben. – Ich bin schmutzige Jungswäsche wirklich gewohnt«, fügte ich noch hinzu, weil ich spürte, dass es Moaaz schwerfiel, über so ein intimes Thema mit einer Frau zu sprechen.

Eigentlich war ich davon ausgegangen, ein arabischer Mann hätte keinerlei Probleme damit, dass die Mutter im Haus die Wäsche ihrer Söhne macht. Aber er war eben nicht mein Sohn.

Moaaz nickte höflich und brachte mir später eine Jogginghose, seine Strickjacke und zwei T-Shirts. Wahrscheinlich nur, um nicht unhöflich zu wirken, denn das konnte unmöglich die Wäsche von mehreren Wochen sein. Unterhosen und Strümpfe waren gar nicht dabei. »Wo sind denn die Unterwäsche und der ganze Rest?«, fragte ich ihn. Moaaz schaute mich verlegen an, und ich begriff, dass er mir nicht zumuten wollte, getragene Unterhosen und Strümpfe anzufassen. Dass er sie allerdings weiterhin im Waschbecken mit der Hand wusch, war irgendwie absurd.

Ich lief in den Keller, füllte die Waschmaschine und lief

wieder hinauf zu Moaaz. »Unsere Wäsche ist schon in der Maschine. Du kannst deine dazulegen und machst dann bitte die Maschine zu.« Diese Lösung schien tragbar für ihn, denn er sauste wenig später mit einer kleinen Wäschetüte in den Keller. Manchmal ist es relativ einfach, Lösungen zu finden.

Deutlich schwieriger fand ich es, mit Moaaz über das Thema Duschen zu sprechen. Obwohl Johann ohne jegliche Hygieneskrupel täglich bekundete, was er von zu viel Waschen und Baden hielt, und wir ständig ganz öffentlich das Maß der Körperreinigung miteinander diskutierten, fiel es mir schwer, Moaaz direkt auf meine Beobachtungen anzusprechen: Morgens sprang er aus dem Bett direkt in die Klamotten und verließ dann fünf Minuten später mit uns das Haus, um gerade noch rechtzeitig zum Deutschkurs zu kommen. An sich bei Jungs und für mich keine völlig fremde Verhaltensweise. Aber irgendwann fiel mir auf, dass ich Moaaz auch den Rest des Tages wenig im Bad sah. »Reinheit ist der halbe Glaube«, soll der Prophet Muhammad, bei uns meist Mohammed genannt, gesagt haben. So hatte ich es im Internet gelesen. Ich hatte gelernt, welch hohen Stellenwert körperliche und geistige Sauberkeit und Reinigung im Islam haben. Und Moaaz hatte sogar schon Johann zu seinem neunten Geburtstag Parfüm geschenkt. Deshalb wunderte ich mich. Mir gingen die verschiedensten Gründe für die Badezimmermeidung durch den Kopf: Ich konnte mir schon vorstellen, dass Moaaz mit seiner recht geruhsamen Grundgeschwindigkeit kein Freund von deutscher Hektik war und nicht wie wir mal eben zwischendurch für zwei Minuten unter die Dusche springen würde. Vielleicht wollte er Rücksicht nehmen auf die Bedürfnisse und Gewohnheiten der vielen Menschen in unserem Haus und wusste einfach nicht, zu welchem Zeitpunkt des Tages er das Bad eine längere Zeit nutzen konnte, ohne uns zu stören. Vielleicht war er von den Hygieneverhältnissen in der Erstaufnahme erschüttert, vielleicht wollte er, bescheiden, wie er war, nicht zu häufig unser Wasser verschwenden. Vielleicht, vielleicht, vielleicht …

Irgendwann nahm ich mir ein Herz und sprach ihn an. Ich sagte ihm, dass wir alle, außer Johann, jeden Tag duschen oder baden und dass er dies, wann immer er wolle, natürlich auch tun könne. Moaaz hörte mir wie immer aufmerksam zu und nickte. Vielleicht lag es wieder einmal an der Sprache, vielleicht war Körperreinigung nicht das, was er mit einer fremden Frau besprechen wollte. Jedenfalls änderte sich wenig an Moaaz' Duschverhalten. Er benutzte das Bad weiterhin am liebsten unsichtbar, also wenn keiner von uns im Haus war. Ich denke, er tat es deshalb, weil er sich gern länger Zeit für die Körperpflege nahm und das Badezimmer nicht blockieren wollte, falls einer von uns duschen wollte.

Überhaupt liebte Moaaz die Ruhe im Haus. Nach Monaten rund um die Uhr mit fremden Menschen in einem Container absolut verständlich. Oft saß er, wenn ich nach Hause kam, im halbdunklen Wohnzimmer auf dem Sessel. Ein Bein angezogen, den Blick nach innen gerichtet. Was er wohl dachte? Ach, warum hatte ich als Mutter eigentlich immer den Anspruch, alles verstehen zu wollen? Das gelang mir ja nicht einmal bei den eigenen Söhnen.

Das Thema Duschen sprach ich jedenfalls nicht noch

einmal an, weil ich merkte, dass es ihm irgendwie unangenehm war.

Noch sensibler aber war die Sache mit dem Bart. Wie fast alle Syrer trug auch Moaaz einen Vollbart. Ziemlich lang, ziemlich ungewohnt, auch für uns.

Der Rasierapparat zu Weihnachten war schon als kleiner Wink mit dem Zaunpfahl gedacht gewesen, angesprochen hatte ich das Thema Bart noch nicht und beschloss, mich erst einmal im Internet kundig zu machen, bevor ich womöglich in ein Fettnäpfchen trat.

Irgendwann stieß ich auf meiner Suche auf eine Seite zur »Basishygiene« im Islam. Dort las ich unter dem Punkt »Den Schnur[r]bart kürzen«: »Man darf ihn [den Schnurrbart] weder lang wachsen lassen noch komplett entfernen, denn dies ist eine Art Verstümmelung.« Das entsprach ganz den Worten des Propheten, wonach ein Gläubiger sich die Schnurrbärte schneiden, die Bärte aber wachsen lassen sollte – soweit ich das verstand.

Bei uns in Deutschland feiert der Bart zwar seit ein paar Jahren sein Comeback. Aber ganz im Gegenteil zum »Hipster-Bart«, der als modebewusst, avantgardistisch und für viele als supermännlich gilt, weckt der muslimische Bart, ob bewusst oder unbewusst, Ängste. So wusste ich zwar nicht, aus welchen der vielen Gründe Moaaz so an seinem Bart hing, aber ich lernte immerhin, dass Bärte tief verwurzelt sind in der muslimischen Kultur und zum Mann gehören. Angesichts der Schreckensbilder von Krieg und Terror laufen jedoch viele Menschen Gefahr, die Millionen friedlicher Muslime in unserem Land zu vergessen. Die IS-Terroristen tragen Bärte. Der Bart ist für viele von uns zum Symbol für das Gesicht des Feindes geworden. Das geschieht unbewusst und aus Unwissenheit. Und das ist traurig. Aber woher sollen wir auch wissen, was für Muslime Brauchtum ist? Ich begann erst mit Moaaz' Einzug, mich überhaupt mit dem muslimischen Glauben und der syrischen Kultur auseinanderzusetzen. Nicht nur die Flüchtlinge brauchen Zeit, um sich bei uns einzuleben. Auch wir brauchen mehr Zeit, um zu lernen, zu verstehen und Vorurteile durch Wissen zu ersetzen.

Ob Deutschkurs, die Gänge zum Arzt und zu Behörden oder einfach der Stadtbummel: Ich wollte Moaaz das Einleben im neuen Land leichter machen und ihn davor bewahren, in der Islamisten-Schublade zu landen. Und so suchte ich dann doch das Gespräch mit ihm über seinen Bart.

Moaaz hörte sich meine Gedanken und Ängste an, schüttelte dann aber energisch den Kopf. »Ohne Bart mag ich mich nicht leiden. Ich bin, wie ich bin. Und ich möchte sein, wie ich bin. Wer keinen Bart mag, hat Vorurteile. Ich werde ihn nicht abrasieren.«

Ich machte mir Sorgen, fragte mich aber auch, wie viel Anpassung gesund war. In Ägypten ließen sich Männer den Bart abrasieren, aus Angst, man könnte sie für Muslimbrüder halten. Aber war es tatsächlich das, was ich meinem Ziehsohn vermitteln wollte: Anpassung aus Angst im freien und toleranten Deutschland?

Ob wegen seines Glaubens, seiner Kultur, aus einem Zugehörigkeitsgefühl heraus oder einfach weil Moaaz sich mit Bart lieber leiden mochte: Es war seine Entscheidung.

Ich dachte an Justus, der ein riesiges Tattoo auf seinem

Oberkörper trägt. »Es ist möglich, dass du Schwierigkeiten im Job bekommst«, hatte ich ihn gewarnt, bevor er es sich stechen ließ. »Kann sein, dass es dir bei der einen oder anderen Rolle im Weg sein wird. Vielleicht wirst du es eines Tages bereuen…«

»Wer mich nach einem Tattoo bewertet und ablehnt, den brauche ich nicht. Weder privat noch im Beruf. Ich bin, wie ich bin«, hatte mein Großer damals selbstbewusst gesagt.

Auch wenn ich nach wie vor nicht zu hundert Prozent überzeugt war, dass ein Tattoo eine gute Idee war, gab ich ihm insgeheim recht und war stolz auf ihn. Ich glaube, ich hätte mich das nicht getraut.

Und nun empfand ich Hochachtung für Moaaz, der sich traute, er selbst zu bleiben. Allen Gefahren zum Trotz.

Ich bewunderte ihn für sein Selbstbewusstsein.

8

Erziehungspflichten oder: Willkommen im ganz normalen Familienleben

Eigentlich ist es nicht mein Plan gewesen, noch einen weiteren Jungen zu erziehen. Ich lerne aber schnell, dass für eine erfolgreiche Integration neben Schutz und Geborgenheit auch die Vermittlung von Werten, Regeln und üblichen Umgangsformen unseres Lebens dazugehört – eben das ganze Erziehungsprogramm. Und das funktioniert nicht immer im Weichspülgang…

Juri und Johann standen in Anorak und mit Ranzen auf dem Rücken im Flur, während ich zum zigsten Mal an Moaaz' Zimmertür klopfte. Es war zwanzig vor acht am Donnerstagmorgen und allerhöchste Zeit, zur Schule aufzubrechen. Aber Moaaz lag noch immer im Bett.

Wieder einmal hatte er den Wecker nicht gehört. Moaaz hatte ein großes Bedürfnis nach Schlaf. Grundsätzlich konnte ich das ja verstehen. Wenn ich mir vorstellte, dass ich vierundzwanzig Stunden am Tag mit einer arabischen Familie verbringen würde und vom Essen bis zur Sprache alles neu wäre – puh, da wäre ich auch müde und würde mich vermutlich den einen oder anderen Tag am liebsten weigern, das Zimmer zu verlassen, und einfach nur schlafen wollen. Wer bitte sollte dafür kein Verständnis haben? Moaaz verbrachte noch mehr Stunden pro Tag im Bett als mein achtzehnjähriger Jonah. Gefühlt stand mein zweitältester Sohn eigentlich nur zum Sport auf. Den Rest des Tages faulenzte er »ganz gechillt«: Essen, Lernen, Treffen mit Freunden – alles fand in der Horizontalen und unter der Decke statt, während im Hintergrund eine Serienstaffel nach der anderen lief. Aber der Unterschied war: Jonah sprach schon Deutsch, und sobald er, so Gott will, das Bett verließ, würde er vermutlich ohne Schwierigkeiten in Studium, Ausbildung und Berufsleben starten.

»Mooooaaz!«, mahnte ich ungeduldig durch die geschlossene Tür. »Raus aus dem Bett! Aufstehen! In zwei Minuten ist Abfahrt.« Meine Jungs aus den Betten zu bekommen war schon keine dankbare Aufgabe, Moaaz aus dem Bett zu bekommen aber war die Herausforderung schlechthin. Zum dritten Mal in dieser Woche war er nicht zum gemeinsamen Frühstück erschienen. Drinnen rührte sich nichts, was mich auch nicht überraschte, denn wenn Moaaz schlief, dann schlief er. Wie tief, hatte ich in der letzten Woche festgestellt:

Jonah war krank, lief nachts im Fieberwahn fantasierend durchs Haus. Auf dem Weg vom Bad zurück ins Schlafzimmer versagte sein Kreislauf plötzlich. Er versuchte noch, sich am Türgriff zu Moaaz' Zimmer festzuhalten, krachte dann aber, ein Meter neunzig groß und neunzig Kilo schwer, ungebremst aufs Parkett direkt vor Moaaz' Bett. Ein Knall, als wäre eine Bombe eingeschlagen. Vielleicht, so sonderbar es klingt, war Moaaz an derartige Detonationsgeräusche gewöhnt. Obwohl ich ein Stockwerk höher schlafe, war ich sofort hellwach, während Moaaz tief und fest schlief. Daran änderte sich auch nichts, als ein Team von Sanitätern erschien. Mit Moaaz' ruhigen Atemzügen als Begleitmusik versorgten sie Jonahs Wunde, und wir besprachen weitere Maßnahmen. Als wir Moaaz am nächsten Tag von dem Vorfall erzählten, lachte er sich kaputt und wollte nicht glauben, was in der Nacht um ihn herum geschehen war. Ob der Tiefschlaf ein Schutzmechanismus ist, ohne den ein Überleben im Krieg und auf der Flucht unmöglich wäre? Ein Mechanismus, Sorgen und Ängste für eine Zeit auszublenden?

Wie auch immer: Jetzt war ich sauer. Seit Wochen schon besuchte Moaaz den Deutschkurs in Blankenese, aber immer mal wieder kam es vor, dass er den Schulbeginn verschlief! Ich öffnete die Tür. Moaaz lag – in Jogginghose und Pullover – zusammengerollt im Bett, öffnete verschlafen die Augen und lächelte mich an.

»So tired this morning. Slept bad last night, chatted so long with friends in Syria. Maybe it's better I stay at home and go to school tomorrow«, setzte er zur Erklärung an.

Ich spürte Emotionen in mir hochkommen, die wenig liebevoll waren. »Better tomorrow«, hätte ich heute Morgen um sechs auch am liebsten gesagt. Nach einem fröhlichen Abend mit meinen Freundinnen und dem einen oder anderen Glas Wein hatte ich mich beim Aufwachen so zermatscht gefühlt wie die Bananen, die ich zehn Minuten später mit der Gabel für das Müsli der Kleinen muste. Ich war natürlich trotzdem aufgestanden, mit Carlo um den Block gelaufen, hatte Schulbrote geschmiert, eine Einkaufsliste für den Nachmittag notiert und war dabei den Tagesplan der Familie durchgegangen. Ich kenne keinen Menschen, der Lust hat, früh aufzustehen! Wir tun es trotzdem. Weil wir so wahnsinnig deutsch sind. So zuverlässig, so pünktlich, so fleißig...

Ich glaube, diese so typischen deutschen Tugenden wirken auf einen entspannten Araber wie das Trainingsverhalten eines Hochleistungssportlers auf alle, die schon froh sind, wenn sie es einmal die Woche zum Sport schaffen. Für mich jedenfalls ist umgekehrt das syrische Zeitmanagement unverständlich.

»Weil du so wenig gechillt bist und immer so einen Stress machst«, meinte Jonah einmal, der sich unter seiner Bettdecke heraus bestimmt auch sehr gut ein Leben ohne Termine vorstellen könnte.

Aber so funktioniert das Leben in Deutschland eben nicht. Und das versuchte ich Moaaz beizubringen. Eigentlich war es nicht mein Plan gewesen, noch einen weiteren Jungen zu erziehen. Ich hatte einem jungen Flüchtling Schutz und Geborgenheit bieten wollen, bis er sich von den zurückliegenden Schrecken erholt hätte. Ich hatte ihn aufgenommen, um ihn liebevoll zu umsorgen. Und jetzt stand ich meckernd in seinem Zimmer und hörte mich tatsächlich sagen: »Es ist mir total egal, ob du müde bist oder nicht. Ob du schlecht geschlafen hast oder nicht. Jeder ist morgens müde. Aber wir haben alle unsere Aufgaben!«

Sicher, Moaaz hat schon häufiger erlebt, dass ich wütend durchs Haus tobe. Zum Beispiel als ich stundenlang mein iPad gesucht hatte, es unter Johanns Bett fand und feststellte, dass er seit Wochen, statt Schlagzeug zu üben, rumgedaddelt hatte. Oder als Jonah die zwölfte Folge »Prison

Break« guckte, statt sich auf sein Abitur vorzubereiten. Aber Moaaz war bislang verschont geblieben von meinen temporären Meckertiraden. Bis heute!

»Da draußen sind Millionen von Flüchtlingen, und es kommen jeden Tag mehr. Und alle hoffen auf ein neues Leben in Deutschland«, zeterte ich weiter. »Wenn du es schaffen willst in unserem Land, dann raus aus dem Bett!«

Moaaz schaute mich schüchtern und etwas verwirrt an, sprang dann aus dem Bett und war zwei Minuten später fertig angezogen. Und ich? Ich fühlte mich schlecht, war ganz erschrocken darüber, dass ich so energisch mit ihm gesprochen hatte. Bis mir klar wurde, warum. Moaaz war nicht länger »der Fremde« in meinem Haus. Er war mein Ziehsohn, der »Welpenschutz« war vorbei. Und ich schimpfte, weil er mir am Herzen lag wie meine Söhne, weil ich mich um ihn und seine Zukunft sorgte. Wie Mütter das eben taten. Weil ich, so abgedroschen es auch klingen mochte, eben ihr Bestes wollte!

Im neuen Jahr reiste ich für eine Reportage über Falkenjagd ins Emirat Katar. Reisen ist meine Leidenschaft, aber jetzt, wo Moaaz bei uns lebte, war ich ganz besonders neugierig und gespannt auf die Reise in ein muslimisches Land. Außer dem Koran haben Syrien und Katar zwar wenig gemeinsam, dennoch hoffte ich, zumindest einen kleinen Einblick in die arabische Kultur zu bekommen. Und mir schien, dass Moaaz sich darüber ebenso freute. Bei den Reisevorbereitungen überlegte ich: T-Shirt oder besser langärmelige Bluse? Hosen oder lieber ein Sommerkleid? Wenn ja, wie lang? Und was war mit den Haaren? Auch wenn von europäischen Frauen in den Emiraten nicht verlangt wird, dass sie sich verhüllen oder eine Burka tragen, ist angemessene Kleidung schon erwünscht. Moaaz leistete mir Gesellschaft beim Packen.

»Die Bluse musst du bis oben zuknöpfen.« Er freute sich, dass er diesmal derjenige war, der Ratschläge geben konnte, und ich war ihm dankbar. Mit dem Gedanken, Langärmeliges zu tragen und auf Röcke und Shorts zu verzichten, hatte ich kein Problem, solange ich keine Kopfbedeckung tragen musste. Never ever, niemals!

Zwei Tage später bummelte ich bei Sonnenschein durch die Altstadt von Doha. Einige Frauen schleppten Einkäufe, andere schlenderten gemütlich am Arm ihres Mannes durch die Fußgängerzone. Alle Frauen trugen die traditionelle Abaya und dazu einen Nikab. Die Abaya ist ein meist schwarzer mantelartiger Überwurf, der vom Hals bis zu den Füßen reicht, der Nikab eine Art Schleier, er verhüllt den Kopf, meist auch das Gesicht und lässt nur kleine Sehschlitze offen.

In den Cafés und Restaurants saßen die Männer, ebenfalls in eleganten Kleidern, den langen weißen Thoabs. Sie tranken Tee, rauchten Shisha und beobachteten das Treiben. Ganz entspannt. Ohne dass der Hormonhaushalt in Wallung geriet und der Testosteronspiegel anstieg. Das Einzige, woran man die schwarz verhüllten Damen unterscheiden konnte, waren Schuhe und Sonnenbrillen. Es gehört schon eine gesunde Portion Fantasie dazu, um dabei in erotischen Träumen zu schwelgen.

Was macht es eigentlich umgekehrt mit den Damen?,

fragte ich mich. Wie würde ich mich so auf der Straße fühlen? Ohne Körper und Gesicht… Eigentlich ein teils verlockender Gedanke. Morgens aufstehen, keine langen Schminkarien, ein Griff in den Kleiderschrank, die erstbeste Klamotte anziehen, Abaya drüber – fertig. Und draußen? Keine Kommentare zu dunklen Augenringen, kein Modecheck im Vergleich mit anderen Frauen. Aber auch kein Spiegel meiner Erscheinung in den Augen anderer Menschen. Kein bewundernder oder kritischer Männerblick. Unsichtbar durchs Leben. Ein Stückchen Freiheit. In mir keimte aber auch der Gedanke: Es gibt mich dann ja gar nicht. Dennoch fände ich es einen Versuch wert.

Aber nun lief ich in Jeans und hochgeschlossener Bluse durch die Stadt. Wurde kritisch und wertend beobachtet. Ich fühlte mich unsicher und fremd. Mittags traf ich Laura, eine deutsche Werberin, die aufgrund ihrer Liebe zur Falkenjagd in Katar lebt. Sie hatte Kontakt zu einigen Kataris, und es war ihr aufgrund ihres Hobbys sogar gelungen, den Respekt einiger Männer zu erlangen. Sie nahm mich mit zu einem Mittagessen, und ich bekam vor der Tür ein kurzes Briefing: »Keinem Mann deine Hand zur Begrüßung reichen, es sei denn, er gibt sie dir. Essen nur mit der rechten Hand. Der Rest ergibt sich schon.« Und dann holte sie ein großes braunes Baumwolltuch aus dem Auto und wickelte es mir wie einen Turban um die Haare! Von wegen »never ever«!

Kurz darauf saß ich auf einem riesigen Orientteppich und versuchte, unauffällig und einigermaßen ordentlich mit einer Hand Reis und Huhn aus einer großen Gemeinschaftsschale zu essen, was mir nur mit sehr viel Mühe gelang. Besser als je zuvor konnte ich mir vorstellen, wie es Moaaz bei uns am Tisch ergehen musste, und fühlte mich ihm sehr nah.

Wie oft führten wir Gespräche über die deutschen Tischregeln. »Bitte sitz nicht mit Jacke und Cap am Tisch. Das ist unhöflich, und man denkt, du willst eigentlich aufspringen und gehen. Bitte die Gabel links und das Messer rechts halten. Und nicht aufstehen und abräumen, bevor alle fertig sind. Das ist nicht nur unhöflich, sondern auch ungemütlich. Während der Mahlzeit nicht den Fuß auf den Stuhl stellen ...«, und, und, und. Alles nicht einfach umzusetzen für Moaaz. Schon gar nicht sofort. Und immer wieder der Versuch, sich und seine Esskultur zu erklären und zu verteidigen: »But in Syria it's normal to eat like this ...«

»Das glaube ich dir«, unterbrach ich ihn jedes Mal, »aber leider interessiert das hier in Deutschland keinen Menschen, Moaaz ...«

Manchmal hasste ich mich in der Rolle der ewig kritisierenden strengen Mutter. Hier in Katar begriff ich, dass das Einleben in unsere Kultur von morgens bis abends, sozusagen im 24-Stunden-Intensivkurs, eine Hochleistung sein musste. Eigentlich kein Wunder, dass Moaaz so viel schlafen wollte. Aber Tischmanieren und überhaupt alle üblichen Umgangsformen würden Moaaz den Eintritt in sein neues Leben erleichtern. Inzwischen war mir klar geworden, dass für eine erfolgreiche Integration auch die Vermittlung von Werten und Regeln dazugehört – eben das ganze Erziehungsprogramm. Und das funktioniert nicht immer im Weichspülgang.

Ich schickte Moaaz per WhatsApp ein Foto von mir, wie

ich mit meiner provisorischen Verhüllung zwischen den Männern saß und versuchte zu essen. Zwei Minuten später kam die Antwort: ein Dutzend Smileys mit Herzchenaugen. Darunter stand: »You look great – du siehst toll aus! Wie eine Frau aus dem Mittleren Osten. Und du isst mit den Händen!« Dann folgten drei Smileys, die Tränen lachten.

9

Maybe und because...

Arztbesuche, Verabredungen, Pünktlichkeit und das syrische Zeitmanagement – eine Lebensauffassung und nicht immer einfach zu verstehen.

»Pünktlichkeit bei einer Verabredung hat nur den einen Nachteil, dass der andere ja nicht da ist, um sie zu würdigen«, lautet ein Sprichwort. Erstaunlicherweise kommt es aus der Feder des amerikanischen Publizisten Franklin P. Jones und nicht aus dem arabischen Raum, wo es meiner Erfahrung nach besser hingehören würde.

Es war Ende Januar und hatte noch immer nicht geschneit. Typisch Hamburg. Kalt und ungemütlich, aber ohne echtes Winterfeeling. Moaaz hatte mir begeistert Bilder aus Syrien gezeigt mit tief verschneiten Dörfern und verzauberter Winterlandschaft. Aber mit diesem nasskalten Schmuddelwetter hatte er Probleme. Von kleinen Ausflügen und Streifzügen durch Hamburg ließ er sich dennoch nicht abhalten. Letzte Woche, am Montag, war er mit seinem Freund Ali verabredet. Die beiden wollten mit der S-Bahn in die Stadt fahren, um ein bisschen mehr von Hamburg zu entdecken. Eine gute Stunde später kam Moaaz schon wieder zurück.

»Maybe he forgot...«

So war es. Ali hatte den Termin vergessen. Und natürlich gab es dafür auch ein »Because«, also gute Gründe: »Because so much work this week …«

Aber wie heißt es so schön: Aufgeschoben ist ja nicht aufgehoben.

»Maybe we go tomorrow!«

Am Dienstag aber verpasste Moaaz die verabredete Zeit, weil er eingenickt war: »Because I slept so bad last night.« Dafür hatte wiederum Ali vollstes Verständnis.

Am Mittwoch war die Freude dann umso größer, als die zwei sich in einem Zeitfenster von plus-minus einer Stunde um die verabredete Uhrzeit tatsächlich am Bahnhof trafen, vergnügt in die Stadt fuhren und einen wunderbaren Tag verbrachten. So hatte doch alles geklappt – einfach nur ein wenig später, aber wen kümmerte es?

Ich überlegte, wie es mir gegangen wäre, hätte meine Freundin mich am Bahnhof stehen lassen, weil sie die Verabredung einfach vergessen hätte. Ich brauchte gar nicht lange nachzudenken. Ich wäre total sauer gewesen. Und auch dafür hätte es ein »Because« gegeben.

»Weil du immer so wenig gechillt bist«, kommentierte Jonah mal wieder meine Gedanken zum Umgang mit Verabredungen und zur Pünktlichkeit.

Was das »Chillen« anging, waren sich alle Jungs unter meinem Dach einig. Selber schuld, dass ich das Thema beim Abendessen zur Sprache gebracht hatte.

Deutsche tragen Lederhosen und Dirndl, sind spießig, ordnungsliebend, akkurat, fleißig wie die Bienen und vor allem weltweit für ihre »German Pünktlichkeit« bekannt. Busse,

Bahnen, Flugzeuge fahren und fliegen, bis auf seltene Ausnahmen, auf die Minute genau, und die Menschen, egal ob im Job oder bei privaten Verabredungen, funktionieren wie ein Uhrwerk. Weil das Leben nämlich anders überhaupt nicht funktionieren kann. Zumindest ist es das, was ich gelernt habe.

Ich trage zwar kein Dirndl, und meine Ordnungsliebe hat längst im Kampf gegen das Alltagschaos kapituliert. Aber was Pünktlichkeit angeht, habe ich 100 von 100 Punkten. Da bin ich Vorzeigedeutsche und deshalb nicht »wenig gechillt«, sondern »überhaupt nicht gechillt«. Ich würde eher in der Burka auf dem Abiball tanzen, als meinen Zeitplan nicht einzuhalten.

Moaaz' tiefenentspanntes Zeitmanagement brachte mich zum Nachdenken. War meine Pünktlichkeit vielleicht doch übertrieben, um nicht zu sagen an der Grenze zum Pathologischen? Ich machte mich auf die Suche, um mehr über mich zu erfahren.

Die Chronopsychologie beschäftigt sich mit der zeitlichen Organisation von Lebewesen. Es gibt die »Through-Timer« und die »In-Timer«. Die Through-Timer haben einen Überblick über Wochen und Tage, planen Termine und nehmen sie zeitgerecht wahr. In-Timer befinden sich immer im Jetzt, leben und erleben den Moment und haben daher oft Schwierigkeiten mit der Pünktlichkeit.

Moaaz war ein ganz typischer »In-Timer«. Wie wohl die meisten meiner Landsleute war ich hingegen ein »Through-Timer«. Wobei: »Im Jetzt leben«, »den Moment bewusst erleben« – das klang doch viel verlockender, und eigentlich, so dachte ich, wäre ich nicht abgeneigt, zu den In-Timern zu wechseln. Aber so einfach war das leider nicht. Wer kam schon so leicht raus aus seiner anerzogenen Rolle? Weder ich noch Moaaz...

»Im arabischen Raum verabredet man sich gern nach Tageszeiten, also etwa am Morgen oder am Nachmittag«, erzählte Moaaz, während wir zusammensaßen. »In diesem Zeitraum ist dann sozusagen alles möglich. Ob ein paar Stunden früher oder später, spielt dabei keine Rolle.« Er wurde still, dann fügte er hinzu: »In Syrien sind wir froh, wenn der Bus überhaupt kommt.«

Mir wurde klar, wie absurd es Menschen mit seinen Erfahrungen erscheinen musste, dass bei uns die Busse nicht nur um 14 oder 15 Uhr pünktlich fahren, sondern sogar auf die Minute um 14.28 Uhr. Doch nun lebte er nicht länger im kriegsgebeutelten Syrien, sondern hier, bei uns, und musste lernen, damit zurechtzukommen.

Als Moaaz zu uns zog, hatte ich verschiedene Arzttermine vereinbart, da mein Ziehsohn nach Flucht und Aufenthalt in der Erstaufnahme auch gesundheitlich angeschlagen war. So hatten wir eines Nachmittags um drei Uhr einen Termin beim HNO-Arzt. Als ich um halb drei an Moaaz' Tür klopfte, lag er gemütlich im Bett, weil er »ganz im Moment« lebte.

»Because I am so tired«, erklärte er mir. »Maybe we go a little later?«

Ich hatte mich zwar halbwegs daran gewöhnt, dass vier Fünftel meiner Familie häufig und gern im Bett lagen, aber wir mussten los. Und ich war froh, dass wir so kurzfristig überhaupt einen Termin bei einem Facharzt bekommen hatten. »We don't go later! We go now!«, trieb ich Moaaz aus dem Bett. »Wenn wir nicht pünktlich erscheinen oder zu spät kommen, kann es passieren, dass der Termin verfällt und wir einen neuen vereinbaren müssen.«

Moaaz guckte irritiert, folgte aber meiner Aufforderung und machte sich fertig. Was ich erzählte, erschien ihm vermutlich wieder einmal völlig absurd. Als wir im Auto saßen, erklärte er mir, wie es in seiner Heimat funktionierte mit den Arztbesuchen: »Wenn du krank bist, gehst du zum Arzt. Dann setzt du dich in das Wartezimmer mit vielen, vielen anderen Menschen. Und wartest! Zwei Stunden, drei oder vier – je nachdem, wie viele Menschen an dem Tag da sind. Wenn du Glück hast, kommst du dran, bevor die Praxis zumacht, wenn du Pech hast, kommst du am nächsten Tag wieder und versuchst erneut dein Glück.«

Wir kamen auf die Minute pünktlich in der Praxis an. Die Arzthelferin schaute in ihren Terminkalender und dann auf ihre Uhr. Zehn Minuten darauf saß Moaaz auf dem Behandlungsstuhl, dreißig Minuten später fuhren wir wieder heim. Ich dachte natürlich, er sei nun schwer beeindruckt von unserem effizienten System. Aber wie so oft lag ich völlig falsch.

»Ich finde es viel besser, ohne Termine zum Arzt zu gehen«, meinte er. »Einfach spontan entscheiden ist manchmal besser, als ständig alles zu planen.«

Immer den Terminplan im Griff, exaktes Zeitmanagement, immer den Wunsch, genau zu wissen, was wann zu tun ist, immer Kontrolle, immer pünktlich. »Pünktlichkeit ist eine Tugend …« Damit wachsen wir auf und versuchen, mal mehr, mal weniger erfolgreich, diese Werte auch unseren Kindern zu vermitteln.

Die ehrgeizigen Japaner greifen in der Kindererziehung und Ausbildung zu ganz anderen Methoden. Schon in den Neunzigerjahren entwickelten sie das »Tamagotchi«: ein elektronisches Spielzeug, mit dem Kinder frühzeitig lernen, einen Terminplan einzuhalten und Verantwortung zu übernehmen. Und zwar auf subtile Weise. Kommt daher wie ein niedliches Spielzeug, ist aber eine Maschine, um Kinder im Zeitmanagement zu trainieren.

Es funktioniert wie folgt: Ein virtuelles Küken schlüpft aus dem Ei und meldet in einem bestimmten Zeitrhythmus von Hunger über Durst bis zu Zuneigung seine Bedürfnisse an, die das Kind zeitnah bedienen muss. Tut es das nicht, stirbt das Küken.

Zweifelhafte Erziehungsmethoden, wie ich fand. Als Jonah uns damals sein Küken beim Sonntagsfrühstück präsentierte, hatte ich noch nie von dem elektronischen Haustier gehört.

»Passt mal alle auf«, verkündete er stolz. »Gleich schlüpft es!« Und tatsächlich, noch bevor ich mein Marmeladenbrötchen aufgegessen hatte, beobachteten wir auf dem zwei mal zwei Zentimeter großen Display, wie die Eischale aufbrach und das Küken geboren wurde.

Sofort riss Jonah sein Neugeborenes an sich. »Es ist ein Mädchen«, klärte er uns auf und tippte auf die Anzeige, auf der »Girl« zu lesen war. Wir tauften unser neues Familienmitglied auf den Namen Jenny. Jenny wog bei der Geburt 3000 Gramm und hüpfte mit fröhlichem Gesicht über den Bildschirm. »Mal schauen, wie es Jenny geht«, sagte der stolze Vater. Auf Knopfdruck erschienen Jennys Apgar-Werte auf dem Bildschirm: »Happy« und »Hungry« zeigte das Display an. Mit einem Knopfdruck wählte Jonah »Meal« und stopfte acht Burger in Jennys gierigen Mund, bis sie uns mit energischem Kopfschütteln deutlich machte, dass sie satt war. Gewichtszunahme: zwei Pfund. Wenig später wies ein Piepton darauf hin, dass Jenny ihr Toilettengeschäftchen erledigt hatte, das durch einen weiteren Knopfdruck beseitigt werden konnte. Eine kleine Sonne blinkte und zeigte an, dass Jennys Welt wieder in Ordnung war. Als wir allerdings zwei Stunden später von einem Elbspaziergang zurückkehrten, strafte ein bedrohlich blinkender Totenkopf die vernachlässigte Sorgepflicht. Jonah hatte den Zeitplan nicht eingehalten und lernte seine Lektion: »Ich hätte sie nicht allein lassen dürfen«, seufzte er. Schnell fütterte er Jenny mit zwei Äpfeln plus einem Stück Torte und reinigte schuldbewusst ihr Zimmer.

Beim nächsten Mal, als Jonah Jenny allein ließ, hatte sie Zahnschmerzen. Ich fand, dass dieses Küken meinen armen Sohn ganz schön unter Druck setzte. Zwei Knopfdrücke, und Jonah zauberte aus dem Arztkoffer einen Bohrer, womit er Jennys kranken Zahn behandelte, bis endlich wieder die Sonne auf dem Display blinkte, vier Herzen »Happy« anzeigten und Jonah mit gutem Gewissen einschlafen ließen.

Eine Woche später fuhren wir in die Ferien. Plötzlich ertönte ein Entsetzensschrei von der Rückbank: »Wir haben Jenny vergessen!« Und obwohl wir alle wussten, dass Jenny nun elendig sterben würde, war ich nicht bereit umzukehren.

»War ja nur ein Tamagotchi«, sagte Jonah mit zitternder Stimme. Dann war es lange Zeit sehr still im Auto.

Inzwischen fragte ich mich, ob dieses Zeitmanagement-Training in Japan wohl erfolgreich gewesen war. Und wie es Jenny wohl bei Moaaz ergangen wäre …

Im arabischen Leben stehen das menschliche Miteinander und Beziehungen immer an erster Stelle. Um etwa einen Menschen, den man zufällig getroffen hat, nicht abzuweisen, lässt man schon einmal einen anderen warten. Wenn Moaaz überraschend Freunde traf, kam er gern einmal zwei Stunden später nach Hause. Termine waren nicht wirklich bedeutungsvoll. Wenn etwas länger dauerte, dann dauerte es eben länger. Ob beim Abendessen mit Freunden, während der Unterhaltungen mit Moaaz' Lehrerinnen oder anderen in der Flüchtlingshilfe engagierten Menschen – überall wurde viel geredet über deutsches und arabisches Zeitmanagement. Das Thema gehörte neben Frauenbild und Kleidervorschrift häufig zu den Diskussionen über erfolgreiche Integration. Auch in unserer neuen Multikulti-Familie versuchten wir, die Unterschiede zu verstehen und gegenseitig tolerant damit umzugehen.

»Ich mache mir Sorgen und denke, dir ist vielleicht etwas zugestoßen, wenn du statt um fünf Uhr am Nachmittag erst um neun Uhr am Abend nach Hause kommst«, erklärte ich Moaaz. Am nächsten Abend schrieb er mir eine WhatsApp: Maybe I come home later.

Wie lange »etwas länger« bedeuten kann, hatte ich auch auf meiner Katar-Reise erlebt. An einem Tag hatten wir uns mit unserem Jeep in der Wüste im Treibsand festgefahren. Keine Chance, allein rauszukommmen. Ich erinnere mich, wie Laura in Doha anrief, um einen Abschleppwagen zu rufen. Auf ihre Frage, ob es möglich wäre, sofort einen Wagen loszuschicken, hieß es: »Yes! No problem!« Freundlich wurde ihr bestätigt, dass Helfer sich sofort auf den Weg machen würden. Für meine deutsche Zeitrechnung bedeutete das: innerhalb der nächsten zehn Minuten losfahren, halbe Stunde Fahrt, Ankunft in spätestens fünfundvierzig Minuten. Ich war beruhigt, weil es schon später Nachmittag war und wir gern vor Einbruch der Dunkelheit die Wüste verlassen wollten. Als Laura nach eineinhalb Stunden nachfragte, hieß es, der Wagen sei bereits unterwegs.

Was Araber sagen und was sie meinen, ist zweierlei. Es gilt als unhöflich zu sagen, was Sache ist, und man vermeidet es, einem Menschen einen Wunsch mit einem »Nein« abzuschlagen. Die Abschleppzentrale wollte Laura vermutlich nicht enttäuschen.

Sehr freundlich wurde ihr nochmals bestätigt, dass die Männer vor Kurzem losgefahren seien. Beim dritten Anruf, es war längst Abend und stockdunkel, sagte man ihr, es sei etwas dazwischengekommen, aber nun stünde dem Aufbruch des Rettungsteams nichts mehr im Wege. – »Inschallah – so Gott will!«

»Ihr habt die Uhr, wir haben die Zeit«, lautet ein arabisches Sprichwort. Fünf Stunden nachdem wir im Wüstenschlamm versunken waren und ich eigentlich längst die Hoffnung aufgegeben hatte, dass jemals jemand kommen würde, tauchten in der dunklen Nacht die Helfer mit ihren Trucks auf. Kurz bevor sie uns erreicht hatten, war einer der Wagen – trotz unserer mehrfachen Warnung – selbst im Sand versunken und musste sich von seinen Kollegen rausziehen lassen, bevor sie dann endlich uns retten konnten. Aber das war nun wieder eine andere Geschichte.

Eine weitere Lektion zum Thema Zeitverständnis erhielt ich an meinem letzten Abend in Katar. Laura war zu einem Frauen-Abendessen eingeladen, und ich durfte sie begleiten. Auf meine Frage hin, wann wir denn zum Essen eingeladen wären, hielt Laura sich bedeckt. »Am Abend, vielleicht gegen acht, aber wir brauchen nicht sooo pünktlich zu sein, meistens wird es etwas später.« Der Frauenabend fand in einem luxuriösen Zelt-Ensemble einer Freundin von Laura mitten in der Wüste statt. So wie wir zur Entspannung an die Ostsee oder in die Heide fahren, verbringen die Kataris ihre Freizeit gern in der Wüste. Die Männer, um sich um ihre Kamele zu kümmern oder auf die Falkenjagd zu gehen, die Frauen, um einfach entspannte Zeit mit Freundinnen zu verbringen.

Als wir gegen halb neun ankamen, knurrte mein Magen schon sehr. Ich hatte zum Mittag nur einen Snack zu mir genommen – Anfängerfehler! Ein Dutzend Frauen saßen entspannt auf Kissen und Sofas, rauchten Shisha, spielten mit ihren Handys, schminkten sich. Gegen zehn traf die Gastgeberin ein. Nun wurde sich erst einmal begrüßt und geschwatzt, wobei zu meiner Rettung schon ein paar Pralinen gereicht wurden, die verhinderten, dass ich unterzuckert auf dem Orientteppich zusammenbrach. Gegen halb zwölf gab es dann ein köstliches Büfett auf dem Boden im Speisezelt.

Natürlich war es für mich ungewohnt, mit Zuspätkommen umzugehen – ob nun in Katar oder meinem eigenen Zuhause, andererseits gab es mir immer wieder zu denken, wie sehr ich der Zeit verhaftet war. Wie sehr ich mich selbst und die Familie manchmal unter Druck setzte. Sicher gab es wichtige Termine und Verabredungen, zu denen wir pünktlich zu erscheinen hatten, aber musste auch in der Freizeit immer alles nach der Uhr geregelt sein? Wo war eigentlich das Problem, wenn Moaaz in der Stadt Freunde traf, Spaß hatte und sich sein Essen dann eben später aufwärmte? Was war so schlimm daran, wenn ich beschloss, das geplante Kochen ausfallen zu lassen, um spontan mit den Kindern Schlittschuh laufen zu gehen, und wir dafür im Anschluss fröhlich eine Tiefkühlpizza aßen? Ein bisschen Flexibilitätstraining konnte auch mir nicht schaden.

Ich musste an unsere griechischen Freunde denken, die wir bei jeder Verabredung fragten: »Nach griechischer oder deutscher Zeit?« Und denen wir bei Einladungen als Ankunftszeit immer eine Stunde früher angaben als den anderen Gästen. Dann klappte es meistens, dass sie gemeinsam mit den Übrigen pünktlich eintrafen.

Nun wurde auch zwischen Moaaz und mir »Nach syrischer oder deutscher Zeit?« zur Kultfrage. Zumindest für mich. Moaaz' Sicht auf seine Pünktlichkeit war irgendwie eine ganz andere als meine. Und manchmal stritten wir scherzhaft darüber.

»Ich bin immer pünktlich. Es sei denn, der Bus hat Verspätung«, sagte er beispielsweise. Oder: »Es gibt genauso viele unpünktliche Deutsche wie unpünktliche Syrer.«

Und wenn er meinen kritischen Blick bemerkte und ich

schmunzelnd widersprach, schleuderte er mir grinsend ein »Du warst doch noch nie in Syrien. Das sind alles Vorurteile!« entgegen. Dann lachten wir beide.

Moaaz war immer bemüht, alles über das »normale« deutsche Leben zu lernen und sich unseren Gegebenheiten anzupassen. Aber was ist eigentlich normal?, fragte ich mich. Wie oft sauste ich, um mein Tagespensum zu schaffen, durch den Tag? Wie oft brach ich Kuschelstunden auf dem Sofa ab, weil ich schon »spät dran« war, machte keine spontane Fahrradtour, weil ich geplant hatte, einkaufen zu gehen, oder hörte nur mit einem Ohr zu, weil ich einen Text fertig schreiben musste? *Musste?* Manchmal fiel es mir schwer, bei meinem Terminkalender im Moment zu leben. Aber ein bisschen mehr In-Timer-Inspiration könnte mir bestimmt nicht schaden, überlegte ich.

Ich plante Yoga in meinen vollen Terminkalender ein, um zu lernen, wie man entspannt und ganz »im Moment« lebt. Ansonsten schien es mir, als sei ganz Deutschland im »Entschleunigungswahn«. Überall gab es Bücher und Seminare zu dem Thema, und auch ich hatte mir schon vor einer Ewigkeit einmal einen Ratgeber zum Thema Achtsamkeit gekauft. Neulich hatte ich das verstaubte Buch hervorgekramt. Da stand: »Achtsamkeit bedeutet, in jedem Augenblick völlig wach und bewusst zu sein und jeder Sache, die man tut, jeder Person, mit der man umgeht, die volle Aufmerksamkeit zu schenken.«

Eigentlich hätte ich das doch auch alles von Moaaz lernen können.

10

Botox und Beziehungen

Vier Söhne und ein Hund seien genug Arbeit für eine geschiedene Frau, meint Moaaz. Und: Ein wenig Botox würde mir gut zu Gesicht stehen. Schließlich möchte er nur das Beste für seine deutsche Ziehmutter.

Germany's Next Topmodel! Ob wir nun wollten oder nicht, es ging wieder los mit der nächsten Staffel der Model-Castingshow. Überall in der Stadt hingen Plakate von der sexy Heidi Klum in einer Lederjacke, die ihre Brüste nur mal gerade so eben bedeckte. Auf dem Weg zur Schule beobachtete Johann interessiert die Ankündigung.

»Mami, da musst du unbedingt auch mitmachen!«, schlug er begeistert vor. Aus unerfindlichem Grund hatte er die Botschaft der Fernsehshow begriffen: Es bedarf nur genug Disziplin und Anstrengung, um seine Träume zu verwirklichen und zum Star zu werden. Und offenbar hatte er heimlich auch die Folge mit dem sogenannten »großen Umstyling« gesehen. Für alle Nicht-GNTM-Gucker: Dabei werden der Haarschnitt und die Haarfarbe der Kandidatinnen sehr stark verändert, um vor der Kamera emotionale Reaktionen und Konflikte zu schaffen. »Du färbst dir einfach die Haare schwarz und die Augenbrauen gold, meldest dich an, und dann bist du dabei!«, sagte Johann mit einer

Überzeugung und Selbstverständlichkeit, die alle Grenzen überwindet und die uns Erwachsenen leider oft abhandenkommt. Abgesehen davon, dass ich weder vor dreißig Jahren noch an jenem Tag mehr Modelpotenzial hatte als ein Mops Chancen beim Windhundrennen, war meine starke Emotion: ungebremste Liebe! Gott bewahre kleinen Jungs ihr Mutterbild!

Schon am nächsten Morgen sah Johanns Mutterbild allerdings ganz anders aus. Er krabbelte wie so häufig zum Kuscheln in mein Bett. Eigentlich ein wunderbares Ritual. Er streichelte liebevoll meine Wange, musterte mich dabei aber extrem kritisch.

»Wie fühlt es sich eigentlich an, wenn die Haut nicht mehr lebt?«

Ups! Was war das denn für eine Frage? In zwanzig Mutterjahren war ich mit allerlei skurrilen Bemerkungen konfrontiert worden. Diese war noch nicht dabei gewesen. Die Erklärung folgte auf dem Fuß: »Weißt du, Mami, dass achtzig Prozent deiner Haut schon tot sind? Weil, das habe ich nämlich im Fernsehen gesehen. Bei Galileo. Da haben die über so welche alten Menschen wie dich geredet und…« Schwupps – war ich wieder in der Realität gelandet. Der kleine Engel, der mich gestern noch bei Germany's Next Topmodel hatte anmelden wollen, amüsierte sich jetzt prächtig über das fortschreitende Sterben meiner Zellen. Ich fragte mich, welchen pädagogischen Wert es haben sollte, unschuldige Kinder im Fernsehen über die sterbende Haut ihrer Mütter aufzuklären.

Und nun fing Moaaz auch noch an. Und zwar auf der Fahrt zur Kirche in Blankenese. Wir gehören nicht zu den regelmäßigen Sonntags-Kirchgängern, aber während der Fastenzeit wurden in diesem Jahr von mehreren Nicht-Pastoren Predigten zu verschiedensten Themen gehalten. Heute war ein Freund von mir dran. Sein Thema: »Über alles aber zieht an die Liebe, die da ist das Band der Vollkommenheit. – Über die Gottes- und Menschenliebe in der Tiefenpsychologie von Alfred Adler.« Ich erzählte Moaaz, dass ich sehr gespannt war auf die Gedanken meines Freundes über Glauben und Liebe. Und obwohl ich Zweifel hatte, dass Moaaz trotz fortschreitender Deutschkenntnisse alles würde verstehen können, freute ich mich, dass er mich wieder einmal begleitete, während der Rest der Familie in den Betten lag. Während ich so dahinplapperte, merkte ich, dass Moaaz mich plötzlich mit einem Blick musterte, der mich sehr an den von Johann erinnerte. Und tatsächlich sagte er unvermittelt:

»Du solltest es mal mit Botox versuchen!« Dann fügte er lakonisch hinzu: »That's normal in Syria. – Alle Frauen in Syrien machen das.« Mir war nach Vom-Autositz-Kippen. Ich hätte viel erwartet, aber nicht, dass mein schüchterner und stets höflicher Ziehsohn meinen Alterungsprozess thematisieren und mir Schönheitstipps geben würde.

»Warum sollte ich das machen?«, stellte ich ihm die sich ja eigentlich selbst beantwortende Frage.

»Weil du dann wieder aussiehst wie siebenunddreißig.«

Ich weiß nicht, wie viel Botox ich nach Moaaz' Vorstellungen meinem Gesicht zuführen sollte, um gleich fünfzehn Jahre jünger auszusehen. Und hatte ich nicht im Koran gelesen, dass kosmetische Eingriffe, die vorgenommen wurden, um die Schönheit zu steigern, »haram« seien?

Also unzulässig, da der Gesandte Allahs Frauen verfluchte, die Augenbrauen zupften, sich die Haare verlängerten oder sich tätowieren ließen?

Andererseits hieß es, im Libanon würde für Schönheits-OPs geworben wie bei uns für Shampoos. Dutzende syrischer Frauen seien vor dem Krieg nach Beirut gereist, um sich verschönern zu lassen, hatte Moaaz mir erzählt.

Ich nahm mir vor, das Thema am Abend noch einmal aufzugreifen und Moaaz nach seiner Meinung zu fragen. Ich tat es beim Salatschnippeln fürs Abendessen.

»Warum glaubst du, wollen so viele arabische Frauen sich verschönern lassen? Wonach richtet sich das arabische Schönheitsideal? Und wie passen Botox und Schönheitskorrekturen überhaupt zu deinem Glauben und deiner Kultur?«

»Wir haben so viele berühmte Schauspielerinnen in Syrien«, erklärte Moaaz. »Zum Beispiel die Darsteller von ›Syrian Drama‹, das sind unsere weiblichen Schönheitsideale und Vorbilder. Und wie es zum Glauben passt? Ich denke, es ist wie bei euch. Manche folgen streng den Religionsvorschriften, andere nehmen es etwas lockerer.« Natürlich hatte Moaaz recht. Auch bei uns gab es ja riesige Unterschiede. Ich war erstaunt, wie leicht ich immer wieder Gefahr lief, zu verallgemeinern und anzunehmen, alle Muslime würden ihren Glauben gleich leben.

Da hatten wir es wieder, das syrische Drama, das Moaaz schon als Kind mit der Familie gesehen hatte.

Ich glaube, Moaaz war ebenso überrascht wie enttäuscht, dass ich keine einzige berühmte syrische Schauspielerin kannte. »I'll show you!«, sagte er bestimmt. »On YouTube.«

Die Frauen waren faszinierend: Schönheiten in knappen Kleidern und hohen Absätzen stöckelten durch die Szenen. Im Grunde sahen alle ähnlich aus, und von »kleinen dezenten Korrekturen« konnte nicht die Rede sein: prall aufgespritzte Lippen, gepolsterte Wangen, wohlgeformte Busen, operierte Nasen. Geschminkt, fast bemalt, erinnerten mich die Schauspieler-Schönheiten an dunkelhaarige Barbiepuppen. Und die syrischen Damen, die etwas auf sich hielten – und es sich leisten konnten –, versuchten, durch ästhetische Operationen ihr Aussehen dem der Stars anzupassen. Ich verstand jedenfalls sofort, warum Moaaz eine ordentliche Portion Botox für mehr als angebracht für mich hielt.

Immer wieder versuchte ich, mir ein Bild vom Leben syrischer Frauen zu machen. Was Moaaz berichtete, war so unterschiedlich und häufig auch verwirrend für mich. An einem Tag erzählte er, dass Frauen natürlich weniger Rechte hätten als Männer, am anderen Tag, dass sie unabhängig lebten und selbstbewusst über ihr Leben bestimmten – von Beziehungen bis Botox.

»Es gibt eben auch bei uns alles. Fast alles. Vielleicht nicht auf dem Lande. Aber in den Städten«, erklärte er. »Es gibt Frauen, deren Leben ausschließlich um Mann, Kinder und Haushalt kreist. Es gibt alleinerziehende Mütter, die Job und Kinder fantastisch unter einen Hut bekommen und auch mehrmals heiraten.« Eine Tante aus Moaaz' Familie hatte fünfmal geheiratet. »No problem«, sagte Moaaz. Nur unverheiratet eine Liebesbeziehung zu haben, das gehe natürlich gar nicht.

Auch bei uns, so dachte ich, werden Beziehungen und

Partnerschaften sehr unterschiedlich gelebt. Manche Paare pflegten offene Beziehungen, andere lebten beruflich erfolgreich nach dem Modell »Double income – no kids« oder eben mit Kindern, die fremd betreut wurden. Ich kannte auch noch immer Familien, in denen die Frau nicht berufstätig war und sich ausschließlich um Haushalt und Kinder kümmerte.

Was Moaaz gar nicht verstehen konnte, war, dass Frauen bei der Eheschließung hier die Möglichkeit haben, ihren Familiennamen abzugeben. Das klang für ihn absurd.

»Die Familie ist das Wichtigste. Wieso geben Frauen ihre Identität völlig auf? Wo soll man sie beispielsweise finden, wenn ihr Mann stirbt oder sie sich scheiden lässt?« Nicht nur für die fünfmal verheiratete Cousine ein sehr vernünftiger Gedanke.

»Und was denkst du, wie ich leben sollte?«, fragte ich Moaaz spaßeshalber, als ich nach dem Essen die Küche aufräumte. »Soll ich mir auch wieder einen neuen Mann suchen?«

»Du warst zweimal verheiratet, hast vier Söhne, einen Job, und du hast Carlo zum Kuscheln. Du brauchst doch keinen Mann mehr«, antwortete er und lächelte.

Upps! Verblüfft sah ich Moaaz an. Mit der Antwort hatte ich nicht gerechnet. Meinte mein strenger Ziehsohn das ernst, oder wollte er mich auf den Arm nehmen? Trotz gescheiterter Ehen war ich ungebremst optimistisch, was Beziehungen anging, und kaum ein Gedanke lag mir ferner, als ein Leben im Zölibat an der Seite meines Jagdhundes zu verbringen.

Apropos Carlo. Moaaz und er waren mittlerweile dicke Freunde geworden. Die etwas wilde Begegnung am ersten Tag war längst vergessen. Wenn Moaaz aus der Schule kam, konnte Carlo sich gar nicht mehr einkriegen vor Freude und Übermut.

Er sprang an ihm hoch, versuchte ihn zum Spielen und Ausgehen zu animieren. Ich musste immer noch lachen, wenn ich mich an den ersten Tag erinnerte. Kaum hatte Moaaz damals seine Tüten in das neue Zimmer getragen, hatte er mich gefragt, ob er mir irgendetwas im Haushalt helfen könne.

»Mit dem Hund rausgehen und unsere Siedlung erkunden«, hatte ich gesagt und dem verblüfft schauenden Mann kurzerhand – und ohne eine Antwort abzuwarten – die Leine in die Hand gedrückt.

Manchmal hilft Schocktherapie. Ich hatte damals nicht geahnt, wie eigenartig die Vorstellung für Moaaz war, mit einem Hund an der Leine durch die Straßen zu schlendern.

Hunde sollten nicht im Haus leben – kein Engel würde ein Haus betreten, in dem ein Hund wohnt, hieß es im Islam. Hunde sollten den Zweck der Jagd oder als Aufpasser erfüllen, aber nicht als Familienmitglied auf dem Wohnzimmerteppich liegen, geschweige denn im Kinderbett …

Daher war der Hund in unserem Haus schwer zu vereinbaren mit der erwünschten Reinheit zum Gebet.

Zum Glück hatte ich am ersten Tag auch noch nicht gewusst, welche Erfahrungen Moaaz in seinem Leben mit Hunden gemacht hatte. Wer weiß, wie sich die Hundeliebe sonst entwickelt hätte.

Erst als Moaaz und Carlo unzertrennlich waren, erklärte

mein Ziehsohn mir, dass in seiner Stadt Hunde nur nachts in den Straßen zu sehen gewesen seien. Wilde, aber harmlose Hunde, die sich Nahrung in den Müllkippen suchten. »Meistens flüchten sie, weil sie sehr ängstlich sind, bevor es hell wird, wieder in die Berge«, erzählte er mir. »Aber einmal hat ein tollwütiger Hund einen Bekannten gebissen. Es war so schlimm, dass er an der Infektion gestorben ist. Streunende Hunde werden bei uns oft einfach überfahren und am Straßenrand liegen gelassen.«

Und auch von der Katzenphobie, von der Moaaz damals auf der Fahrt von der Erstaufnahmeeinrichtung zu uns erzählt hatte, war nichts mehr zu merken. Obwohl die Annäherung an den Kater etwas länger gedauert hatte als bei Carlo. Anfangs hatte Moaaz es vermieden, unseren Kater zu berühren, und respektvoll Abstand gehalten. Zum Glück hatte er es ausgehalten, dass er und der Kater sich im selben Raum aufhielten. Im zweiten Schritt saß er – einige Tage später – schon mit dem alten Stubentiger zusammen auf dem Sofa und streichelte ihn. Dadurch ermutigt, erfolgte der letzte Schritt der Annäherung durch Katers aktive Aufdringlichkeit. Er sprang, wie er es auch bei uns am liebsten tat, auf Moaaz' Schoß, machte es sich dann unterhalb des Halses auf seinem Oberkörper gemütlich und drückte abwechselnd die linke und die rechte Pfote in Moaaz' Pullover. Begleitet wurde dieser sogenannte Milchtritt mit ausgiebigem Schnurren und leicht entrücktem Blick aus halb geschlossenen Augen.

Für Moaaz war diese Form des Liebesbeweises neu. Aber er duldete den aufdringlichen Kater nicht nur, sondern schien auch gerührt von seiner Zuneigung.

Die Bereitschaft, eine Freundschaft mit einem Hund einzugehen, ist eines der Beispiele für Moaaz' Wunsch, sich auf unser und sein neues Leben einzulassen. Aber trotz seiner Liebe zu Carlo und obwohl er sich schon daran gewöhnt hatte, wie wir mit Hund und Katze umgingen und sie ins Haus und das Familienleben integrierten, versuchte er doch auch immer mal wieder, mich von seiner Art, Haustiere zu halten, zu überzeugen.

»Better he eats outside«, sagte er häufig, wenn ich den alten Kater in der Küche fütterte. Und: »Maybe it's better, if Carlo sleeps in a doghouse in the garden.«

Aber Moaaz gab mir nicht nur Tipps zur Hundehaltung, zur Schönheit und Lebensführung. Er hielt auch mit seinen speziellen Ideen in Sachen Gesundheit nicht hinter dem Berg.

Sport ist gut für Körper und Seele, vermeidet Krankheiten, steigert die Leistungsfähigkeit und hält jung. Daran, so dachte ich, bestünde keinerlei Zweifel. Deshalb überwinde ich immer wieder meinen inneren Schweinehund und versuche, regelmäßig ein paar Sporteinheiten in meinen Tagesablauf einzuplanen.

Während Moaaz bei uns wohnte, ging ich mindestens zweimal pro Woche mit Carlo joggen. Als ich wieder einmal verschwitzt und mit rotem Kopf von einem Morgenlauf zurückkam und mir in der Küche ein Glas Wasser holte, kam Moaaz dazu.

»Warum bist du denn so rot?«, fragte er mich besorgt.

»Weil ich laufen war«, antwortete ich, etwas überrascht von der Frage, zu der mir die Antwort so eindeutig schien.

»Du solltest nicht laufen«, erwiderte Moaaz. »Das verbraucht nur unnötig Kalorien. Du bist nicht zu dick, und du brauchst nicht abzunehmen.«

»Laufen verbessert die Durchblutung, wie du ja deutlich an meinem Gesicht sehen kannst«, setzte ich zu einem kleinen Vortrag an. »Es verringert das Risiko, an einer Herzerkrankung zu sterben, es stärkt die Knochen, baut Stress ab, stärkt das Immunsystem und schützt so vor Erkältungen, sorgt für besseren Schlaf, schüttet Endorphine aus, also Hormone, die glücklich machen, und kann das biologische Alter um viele, viele Jahre senken. Außerdem braucht Carlo sowieso seinen Auslauf, und vielleicht brauche ich dann später eine Portion Botox und eine Schönheitsoperation weniger«, endete ich und zwinkerte Moaaz zu.

Er sah mich so verblüfft an, als hätte ich versucht, ihm weiszumachen, die Erde sei doch eine Scheibe. Aber vielleicht, dachte ich unter der Dusche, hatte man auch eine andere Sicht aufs Laufen, wenn man selbst Hunderte von Kilometern zu Fuß zurückgelegt hatte, um zu überleben.

Wie unterschiedlich unsere Auffassungen von Gesundheit waren, wurde mir ein paar Wochen später noch klarer. Moaaz fragte mich, ob ich mit ihm zum Arzt gehen könnte. Besorgt erkundigte ich mich nach seinen Beschwerden.

»Ich bin zu dünn. Ich brauche einen Arzt, der mir Tabletten zum Zunehmen verschreibt.«

Mir war natürlich auch aufgefallen, dass mein Ziehsohn sehr dünn war und viel zu wenig aß. Während Jonah täglich Berge von gesunder – und in Ergänzung zu seinem Sportprogramm muskelaufbauender – Nahrung verdrückte, aß Moaaz mit seinen zweiundzwanzig Jahren weniger als ich.

Vielleicht war es die Folge von Stress, vielleicht schmeckte ihm unser Essen nicht? Vielleicht hatte er zu viele Sorgen? Klar war mir nur, dass kein Arzt ihm würde helfen können beim Zunehmen, solange er nicht mehr aß. Und ich lag richtig mit meinen Vermutungen. »Ich kann nicht essen, wenn ich Angst habe«, erklärte er mir auf meine Frage und auf die Ermahnung hin, mehr zu essen. Traurig fügte er hinzu: »Ich habe Angst um meine Mutter und meine Schwestern und Brüder. Ich habe Angst vor meiner Zukunft.«

Ich rang um eine Antwort, denn natürlich waren alle Ängste berechtigt. Mehrmals hatte ich Moaaz versucht zu überreden, über eine Therapie nachzudenken, um über Ängste und Erlebtes mit einem Fachmann zu sprechen. Vergeblich. Diese Möglichkeit kam für Moaaz nicht infrage. So murmelte ich ein paar beruhigende Worte und beschloss, die Angelegenheit pragmatisch anzugehen.

»Niemandem in deiner Familie geht es besser, wenn du hungerst. Du solltest morgens frühstücken und überhaupt keine Mahlzeit mehr auslassen. Lass dich doch einmal von Jonah beraten, wie man zunimmt und Muskeln aufbaut. Der ist doch der Profi bei uns«, ermunterte ich ihn. Es gelang mir nicht, Moaaz davon zu überzeugen, dass die Verantwortung für seine Gesundheit, sein Gewicht und seine Muskeln ganz allein bei ihm lag. Er beharrte auf einem Arzttermin.

Für die Schönheit gab es Botox und für die Gesundheit Tabletten.

Umso überraschter war ich, als Moaaz einige Tage später ankündigte: »Ich möchte gern ins Sportstudio gehen. Ich habe das schon in Syrien gemacht ...«

»Man muss nicht alles verstehen« ist zu meiner Standardeinstellung geworden. In diesem Fall zählte das Ergebnis, und ich war froh, dass Moaaz sich entschlossen hatte, doch etwas für sich zu tun. Bei uns in der Nähe gab es ein Sportstudio. Klein, persönlich, nett. Man muss das Eisen schmieden, solange es heiß ist, dachte ich. Sofort sprach ich mit einer der Damen, die das Studio führten. Ich schilderte unsere Situation, erzählte, dass wir Moaaz aufgenommen hätten, für alle Lebenskosten aufkämen und dass damit unsere Möglichkeiten erschöpft seien. Wir brauchten eine kostenlose Mitgliedschaft. Die Geschäftsführerin bat um eine kurze Bedenkzeit, um mit dem Team zu sprechen. Schon eine halbe Stunde später rief sie an und sagte zu.

Moaaz war glücklich. Am nächsten Tag holten wir die Mitgliedskarte ab. Dazu hatten alle Trainer zusammen eine Tüte mit Sportklamotten gespendet. Ich war immer wieder überrascht und bewegt davon, wie viele Menschen bereit waren zu helfen. Und auch davon, dass Mütter dazu neigen, ihren Einfluss zu unterschätzen. Es dauert manchmal nur ein wenig länger.

Ob das wohl auch umgekehrt so ist?, dachte ich am Abend, als ich meine Falten im Spiegel betrachtete. So eine klitzekleine Portion Botox wäre doch eigentlich…

II

Strip-Poker und Partys –
Schampus oder Shisha

*Junge Mädchen gehen bei uns aus und ein, meine Söhne
feiern Partys und sind auch dem Alkohol keineswegs
abgeneigt. Wie Alice im Wunderland lebt Moaaz unter
meinen »freizügigen« Jungs. Leben und leben lassen,
lautet das Geheimnis unseres Zusammenlebens – von
Religion bis Sekt.*

»Gestern sind wieder fünf Menschen gestorben, nachdem
sie Schweinefleisch gegessen haben.«

Ich seufzte etwas angestrengt. Keine Ahnung, aus welcher
Quelle Moaaz immer seine Informationen und Zahlen bezog, auf jeden Fall gab er den Versuch nicht auf, mich vom
lebensgefährlichen Verzehr »unreinen« Schweinefleisches
abzuhalten. Eigentlich lebten wir nach dem Motto: Leben
und leben lassen. Aber immer klappte es eben doch nicht
mit den guten Vorsätzen, und wir versuchten, uns gegenseitig zu bekehren. Und nicht nur der Schweinefleischverzehr,
auch mein Weinkonsum war für Moaaz immer mal wieder
ein Thema. Zuletzt, als er mit kritischem Blick die Menge
der Sekt- und Weinflaschen auf dem Rücksitz meines Autos
betrachtete, die ich für meinen geplanten Frauenabend besorgt hatte.

»Ich trinke doch überhaupt nicht viel«, erklärte ich in dem Wunsch, Moaaz' Sorge um seine Ziehmutter ein wenig zu reduzieren. »Nur ein bis zwei Gläser. Das hat noch niemandem geschadet!«

Moaaz schaute mich an und grinste. »Ich glaube, du denkst nur, dass du wenig trinkst, weil du dich nach dem Trinken nicht mehr an die Menge erinnern kannst.«

Ich sah ihn verdutzt an. Dann musste ich lachen. Moaaz adaptierte sich erstaunlich schnell. Dieser freche Spruch hätte auch von einem meiner Söhne kommen können. Ich freute mich, dass mein schüchterner Ziehsohn auftaute und sich immer besser bei uns einlebte. Bei einer Familie mit anderen Werten, ungewohnten Umgangsformen und einem manchmal etwas speziellen Humor, eben auch zum Thema Alkoholkonsum. Wie beim letzten Sonntagsfrühstück.

Seit einigen Wochen litt ich unter einem blöden, immer wiederkehrenden Hautausschlag. Über den Augen sah ich aus, als hätte ich es etwas übertrieben mit dem roten Lidschatten; darunter, als hätte ich sieben Tage nicht geschlafen. Am Frühstückstisch betrachteten mich meine Söhne, als wäre ich ein seltsames Insekt.

»Hast du gestern gefeiert?«, fragte Jonah, der im Moment selbst nichts anderes tat und für den es daher vermutlich außerhalb seiner Vorstellungskraft lag, dass rote Augen andere Ursachen haben könnten als übermäßigen Alkoholkonsum.

»Mami hat wieder zu viel getrunken«, amüsierte sich Juri über die Aussage seines großen Bruders.

»Ich finde, Mami sieht eigentlich mehr aus wie eine Witwe«, fügte Johann hinzu, weil er auch etwas Lustiges beisteuern wollte.

Moaaz sagte nichts. Vielleicht aus Höflichkeit, um mir vor meinen Söhnen nicht in den Rücken zu fallen.

Aber... auch wenn Moaaz meinen angeblichen Alkoholkonsum vielleicht nicht für so tödlich hielt wie Schweinefleisch, konnte ich mir vorstellen, dass er sich noch gut an die Mengen Wein auf der Rückbank erinnerte und heimlich der gleichen Meinung war wie die Jungs. Und dass er den Ausschlag als Strafe Allahs oder so sah.

Wie es der »alkoholabhängigen Witwe« mit ihrer Allergie wirklich ging, interessierte natürlich niemanden. »Stressbedingte Neurodermitis«, hatte meine Hautärztin gesagt. Wen wunderte das – in diesem Irrenhaus.

Aber ob Schinken oder Chardonnay, ob mit vier Söhnen unter einem Dach oder noch einem Muslim dazu: Ich hatte gelernt zu überleben und mich entschlossen, es nach meinen Bedürfnissen zu tun. Seit Moaaz bei uns war, hatte ich viele Menschen kennengelernt, die aktiv in der Flüchtlingshilfe arbeiteten. Manche von ihnen hatten begonnen, selbst kein Schweinefleisch mehr zu essen oder auf Alkohol zu verzichten. Aus Rücksichtnahme auf die fremde Religion. Ich teilte diesen Enthusiasmus nicht. Es erinnerte mich an die Zeit, als meine Jungs noch Babys waren. Ich hatte damals häufig gehört, wie Mütter sich über ihre Ernährung während der Stillzeit austauschten und vor allem, auf was sie verzichteten: auf Kohl und Hülsenfrüchte, die führten zu Blähungen; auf Zitrusfrüchte, die machten einen wunden Po; auf Kaffee, der verursachte Unruhe... Dazu kursierten Gerüchte, dass Sport die Milch »sauer« mache. Und im nächsten Atemzug hatten die sich kasteienden Frauen gebeichtet, wie sehr sie das Ende der Stillzeit herbeisehnten. Kein Wunder.

Ich hatte mehr nach dem Motto gelebt: Ist die Mutter glücklich, geht es auch dem Kind gut. Hatte meinen Milchkaffee getrunken, gegessen, was mir Spaß machte, mir ganz selten einen Schluck Sekt genehmigt – und die Stillzeit sehr genossen.

So ähnlich ging es mir auch jetzt. Ich hatte keine Sekunde darüber nachgedacht, meine Ernährung umzustellen und auf lieb gewonnene Gewohnheiten zu verzichten. Anders konnte ich mir ein zufriedenes Zusammenleben über so viele Monate auch nicht vorstellen. Und so stand bei uns auf dem Frühstückstisch neben vielen Leckereien, die »halal« waren und die wir alle mochten, eben auch noch der »böse Teller«: mit Schinken, Mett und Salami.

Neben den unterschiedlichen Essgewohnheiten gab es natürlich noch viele andere Themen im Alltag, die uns beschäftigten. So stolperte ich vor allem über die Kommunikation. Bei uns war es – wie allgemein in Deutschland – üblich, recht direkt zu sagen, was Sache war. Anders hatte ich mir bislang einen reibungslosen Ablauf des Alltags auch nur schwer vorstellen können. Diese Direktheit galt in Moaaz' Kultur aber als unhöflich.

Sagt ein Araber »ja«, meint er »vielleicht«, sagt er »vielleicht«, meint er »nein«. Ein striktes »Nein« jedoch würde das Gegenüber vor den Kopf stoßen und wird daher vermieden. Und auch die Aussage »no problem« sollte man besser hinterfragen.

Hätten wir das mal vorher gewusst!

Bald nachdem Moaaz bei uns eingezogen war, siedelte

meine Mutter um – in besagte Seniorenresidenz ganz in unserer Nähe, worüber wir uns alle sehr freuten. Aktiv wie sie war, hatte sie schon vor ihrem Einzug tausend Pläne für ihr neues Leben. Sie wollte mit ihren Enkeln Karten spielen, ihren neuen Mitbewohnern Bridge beibringen und vor allem: Moaaz in Deutsch unterrichten. Aber bevor sie sich in all diese Vorhaben stürzte, musste erst einmal die Wohnung eingerichtet werden. Und dabei halfen ihr natürlich auch meine Söhne und Moaaz.

»Hast du Lust zu helfen? Kannst du Ikea-Möbel aufbauen?«, hatte ich Moaaz am Morgen gefragt.

»Ja – of course. That's normal«, hatte er spontan erwidert. Und noch sein »No problem« hinzugefügt.

Viele Menschen behaupten, jeder könne nach Anleitung Ikea-Möbel aufbauen. Ich nicht! Und ich habe auch großes Verständnis für alle anderen wenig begabten Handwerker. Dem einen liegt's, dem anderen eben nicht. Man kann ja ungeniert darüber sprechen.

Als wir uns am Nachmittag bei meiner Mutter trafen, drückte ich Moaaz also Aufbauanleitung und Werkzeug in die Hand, und er machte sich sofort eifrig an die Arbeit. Im Handumdrehen waren die Schrauben schief eingedreht, nach zehn Minuten war die Schublade nicht mehr verwendbar.

»No problem! Vielleicht lasse ich das später noch vom Hausmeister reparieren«, tröstete meine Mutter Moaaz, als sie sein unglückliches Gesicht sah. Ich war überrascht, wie schnell meine Mutter sich den arabischen Umgangsformen anpasste. Viel schneller als ich.

Eine Woche später lud ich die Jungs als Dankeschön fürs Helfen zum Schlittschuhlaufen ein. »Hast du Lust mitzukommen? Kannst du Schlittschuh laufen?«, fragte Juri Moaaz.

»Yes of course. No problem«, erhielt er als Antwort.

»Kein Problem« sah für mich anders aus. Während ich fröhlich zur Musik meine Runden drehte, beobachtete ich, wie Juri und Johann Moaaz fürsorglich unterhakten und geduldig mit ihm übten, auf dem Eis die Balance zu finden. Irgendwie.

Irgendwann hörte ich auf zu zählen, wie oft die Jungs lachend auf dem Hosenboden landeten.

Immer wieder zeigten mir die kleinen Alltagsbegebenheiten und Missverständnisse, mit wie vielen Unterschieden wir uns auseinandersetzen mussten, damit das Zusammenleben klappte. Im neuen Multikulti-Deutschland und in unserer Familie, in der Moaaz sich bestimmt manchmal fühlte wie Alice im Wunderland.

An einem Samstagabend zum Beispiel hatten Moaaz und ich das Konzert eines Freundes besucht. Die Rockband spielte in einer kleinen Kneipe. Es war eng und laut. Die Leute tanzten ausgelassen. Klasse Stimmung. Als wir danach mit einem Tee in der Küche standen, sprachen wir über den Abend.

»Sehr schön, aber für mich zu laut«, urteilte Moaaz. Wieder mal so ein Moment, in dem ich mich etwas wunderte. Noch nie hatte ich von meinen Söhnen gehört, dass ihnen etwas zu laut sei – leider. Zwar wusste ich, dass Moaaz es lieber ruhiger mochte, aber andererseits: Er hatte doch sofort begeistert zugestimmt mitzukommen.

Ich fragte nach seinen bisherigen Erfahrungen mit Konzerten. Und erfuhr: »In Syrien habe ich auch gerne Konzerte besucht. Zum Beispiel von Najwa Karam, einer libanesischen Sängerin. Und ich mag Musik von Taylor Swift.«

Okay… Das fiel wieder in die Abteilung: Man muss nicht alles verstehen.

Plötzlich öffnete sich die Tür. Und jetzt war es Moaaz, der sich wunderte: Ein junges, sehr hübsches Mädchen trat in die Küche. Sie sortierte ihre Haare, strahlte uns fröhlich an und reichte mir die Hand.

»Ich wollte nur kurz Hallo sagen. Ich bin Annabelle.« Dann lief sie zurück nach oben und verschwand wieder in Justus' Zimmer. Moaaz schaute ihr so verwirrt hinterher wie Alice im Wunderland dem weißen Kaninchen, als es mit roten Augen und der Uhr in der Westentasche an ihr vorbeigelaufen war.

»Du kennst das Mädchen nicht?«, fragte er.

»Bis eben nicht. So ist das manchmal mit den großen Jungs«, antwortete ich ihm lachend. Ich hatte mich längst von der Idee verabschiedet, immer zu wissen, was im Haus los war, wer wen mitbrachte und warum.

»Sprechen die Jungs nicht mit dir? Fragen sie nicht um Erlaubnis, wenn sie ein Mädchen einladen?«, hakte Moaaz nach.

In seiner Familie wäre so etwas undenkbar, erfuhr ich. Ganz davon abgesehen, dass ein Mädchen sowieso nicht bei einem Jungen übernachtete, ohne dass sie verheiratet waren.

»Sie sind erwachsen, Moaaz«, erklärte ich ihm. »Sie können selbst handeln und entscheiden. Bei uns dürfen fremde

Mädchen übernachten – und fremde junge Männer aus Syrien«, sagte ich und grinste ihn an.

Dabei dachte ich wieder einmal, was für einen Unterschied es ausmachte, ob Flüchtlinge in der Erstaufnahmeeinrichtung zusammenlebten oder wie Moaaz mitten im deutschen Alltag landeten. Um das deutsche Leben zu verstehen, war viel mehr als Sprachunterricht nötig. Und Moaaz hatte mit unserer Familie und zwischen den Jungs gleich das Integrationspaket XXL gebucht – das für Fortgeschrittene.

Es brauchte sicherlich Zeit und Ruhe, um die vielen Erlebnisse und Erfahrungen zu sortieren und zu verarbeiten. Und ich verstand immer besser, warum Moaaz häufig so müde war und viel Schlaf brauchte. Und manchmal war sein tiefer Schlaf sogar ein Segen.

»Kann ich ein paar Freunde zum Filmegucken einladen, wenn du heute Abend weg bist?«, fragte Jonah mich am folgenden Samstag. Als ich gegen elf Uhr nach Hause kam, waren aus den »paar Freunden« ein paar mehr geworden. Und auch von »Filme gucken« war keine Rede. Aber: War ich es nicht gewesen, die ihren Kindern immer gepredigt hatte, sie sollten lieber spielen oder sich anderweitig kreativ beschäftigen, statt ewig vor der Glotze zu hängen? Und das taten die gehorsamen Jungs: Etwa ein Dutzend Becher, mit Bier gefüllt, waren in Dreiecksform auf beiden Seiten meines Esstisches aufgebaut. Dahinter standen die Jungs und Mädchen und versuchten, Tischtennisbälle im Bierbecher des gegnerischen Teams zu versenken. Klappte es, musste der Gegner den Becher austrinken. Beer-Pong hieß die kreative Variante des alten Tischtennisspiels.

»Wo ist Moaaz?«, fragte ich.

»Der war kurz bei uns und ist jetzt oben in seinem Zimmer«, antwortete Jonah.

Kein Wunder. Was sollte er auch sonst tun?, dachte ich. Eher würde ich vermutlich beim Elternabend an der Blankeneser Schule Shisha rauchen, als dass Moaaz an Trinkspielen teilnahm.

Ich ließ den jungen Leuten ihren Spaß und zog mich in mein Zimmer zurück. Als ich um zwei Uhr morgens durch den Lärm aus dem Wohnzimmer wach wurde, verließ mich meine Toleranz ein wenig. Entweder die Jungs würden etwas leiser spielen, oder der Abend war beendet, entschied ich. Schnell warf ich einen Bademantel über, eilte ins Wohnzimmer, staunte und sah: Die jungen Leute hatten sich weiterhin gegen Fernsehen und für eigene Kreativität entschieden. Allerdings hatte ich mit meinem Bademantel bereits weit mehr an als der überwiegende Teil der Gäste. Ein einziger Junge trug noch T-Shirt und Socken, die übrigen saßen nur mit Boxershorts bekleidet um den Tisch. Auch die Mädchen hatten schon etliche Kleidungsstücke abgelegt. Mein erster Gedanke: Hoffentlich wacht Moaaz nicht auf und kommt runter, um sich, wie so häufig in der Nacht, ein Glas Wasser zu holen. Erst im nächsten Moment begriff ich, worum es ging: Die Jungs spielten Strip-Poker. Und ich konnte vermutlich von Glück sagen, dass ich nicht eine Runde später erschienen war. Jonah allerdings war von meinem Erscheinen auch schon jetzt nicht sonderlich begeistert.

»Du bist so peinlich«, beschwerte er sich über mein Auftauchen.

Eigen- und Fremdwahrnehmung, dachte ich. Wenn ich so in die Runde schaute, fand ich mich in meinem Bademantel und dem zerknitterten Schlafgesicht eigentlich immer noch am wenigsten peinlich. Die Pokerspieler zogen sich an und waren kurze Zeit später verschwunden.

Glücklicher als über die endlich einkehrende Ruhe war ich darüber, dass Moaaz nicht aufgewacht war. Vermutlich hätte er sich schon etwas gewundert, dass Deutsche sich beim Spielen ausziehen. Und vor allem: Wie hätte ich ihm erklären sollen, dass Mädchen sich dabei ihrer ohnehin schon spärlichen Kleidung ganz entledigten. Hätte er einen Herzinfarkt bekommen oder mir seine Meinung ganz entspannt mitgeteilt nach dem Motto: »Maybe it's better not to undress ...«? Oder so.

Ein paar Wochen später erzählte ich ihm dann doch von dem Abend. Sah es als gewinnbringend an, im Sinne von: Das trägt schließlich auch zur Integration bei. Wer sollte ihm besser vermitteln, dass wir so was ab und an spielten, als ich?

Und wieder einmal war ich überrascht von Moaaz' Reaktion. »Für meine Religion ist es natürlich völlig unmöglich, dass Jungen und Mädchen sich beim Spielen ausziehen. Aber ich habe lange davon geträumt, Schauspieler zu werden. Und da muss man sich auch mit Rollen auseinandersetzen und sie spielen, selbst wenn sie einem fremd sind. Wobei ich mich privat nicht wohlfühlen würde in so einer Situation.«

Tag für Tag hatte Moaaz den Familienunterhaltungen sowie Fernsehen und Radio gelauscht. Monatelang hatte er Wörter inhaliert, und dann ging es unvermittelt los. Ob große oder kleine Kinder – wenn sie plötzlich anfangen zu sprechen, ist es immer wieder ein Wunder.

Eines Tages begann Moaaz, mir WhatsApp-Nachrichten auf Deutsch zu schreiben: »Guten Abend wie gehet dir? Ich gehe mit Hund und mache eine dusche und gehe zu schlafen.« Und nachdem er angefangen hatte, machte er in Windeseile Fortschritte. Ich war stolz, als wäre ich seine echte Mutter, und freute mich über sein Sprachtalent. Zumindest meistens!

Ich lade nicht nur regelmäßig zu Frauentreffen ein, sondern liebe es auch, Spieleabende zu veranstalten. Scharade finde ich klasse, und ich mag auch »Tabu«. Der Renner in diesem Jahr war »Privacy – was Sie schon immer über Ihre Freunde wissen wollten … sich aber bisher nicht getraut haben zu fragen«. Für alle, die es nicht kennen: In jeder Runde müssen Spieler mithilfe von gelben oder schwarzen Steinchen geheim auf sehr private Fragen antworten, die in Form von Behauptungen daherkommen. Am meisten Spaß macht dabei die Diskussion über die Art der delikaten Fragen.

Diesmal hatte ich sechs Freunde eingeladen. Wir hatten zusammen mit Moaaz Rindfleisch-Lasagne gegessen. Moaaz war – wie üblich – gleich nach dem Essen in seinem Zimmer verschwunden, und wir hatten begonnen zu spielen. »Ich habe schon mal beim Sex telefonier…‹«, las ich, verschluckte mich allerdings fast an der Frage, als ich sah, dass Moaaz ins Zimmer kam. Das hatte er noch nie getan! Zwar forderte ich ihn immerzu auf, am Familienleben teilzunehmen, und freute mich über seine zunehmende Aufgeschlossenheit. Nur – musste er ausgerechnet an diesem Abend noch offener werden?

Abrupt das Spiel zu beenden wäre noch peinlicher gewesen, als weiterzuspielen. Und so hagelte es reihenweise Behauptungen von den Fragekarten: »Ich habe schon mal jemandem leidenschaftlich die Füße geküsst«, »Ich glaube nicht, dass ich bis zum Lebensende treu sein kann«, »Ich habe bis zu meinem 15. Lebensjahr mindestens mit fünf Jungen oder Mädchen geknutscht«, »Ich hatte schon mal ein Rendezvous mit einer Internetbekanntschaft«, »Ich habe schon mal Versicherungsbetrug begangen«… Zum ersten Mal hoffte ich, dass Moaaz nicht alles verstand. Ob es so war, erfuhr ich nie. Er blieb noch ein Viertelstündchen am Tisch sitzen, lächelte höflich und verschwand wieder.

Ein weiteres Mal überzeugte Moaaz mit seinen Sprachkenntnissen am Wochenende darauf: Wir hatten die Großmutter zum Frühstück eingeladen.

»Und was gibt's bei euch Neues?«, fragte sie die Kinder interessiert.

»Wir haben gestern Graffiti gemacht«, erzählte Johann. »Das ist so mit Sprühdosen coole Sachen machen«, fügte er erklärend hinzu, als er den fragenden Blick seiner Oma sah. Dann sauste er in sein Zimmer, um die Leinwand zu holen, und präsentierte stolz sein Kunstwerk. »FUCK YOU«, stand da in gelben Buchstaben auf rosa-schwarzem Untergrund.

»Was heißt das denn?«, fragte meine Mutter interessiert, da hatte ich mich gerade in die Küche zurückgezogen.

»Fick dich!«, übersetzte Moaaz spontan und lächelte meine Mutter freundlich an.

»Warum schreibt dein Kind solche Wörter auf Bilder, Adrienne!?«, wollte meine Mutter wenig später wissen. Im »Da-ist-wohl-einiges-schiefgelaufen-mit-der-Erziehung«-Ton.

Mehr als »Keine Ahnung« fiel mir dazu nicht ein. Um die Wette pupsen, sich mit Freude schlagen, bis einer heult, vor dem Spiegel posend die eigenen Muskeln bewundern ... Ich hatte längst aufgegeben zu überlegen, warum meine Söhne was taten. Moaaz war nicht der Einzige, der nicht immer verstand, was bei uns im Reihenhaus vor sich ging.

Statt wie Alice durch einen Tunnel ins Wunderland zu fallen, war Moaaz dort nach einer langen Reise gelandet. Der größte Unterschied zwischen den beiden: Alice hat alles nur geträumt. Moaaz hingegen würde nicht wieder in Syrien aufwachen. Das »Wunderland« war sein neues Leben, er musste sich für unabsehbare Zeit darin zurecht-finden. Und das tat er erstaunlich gut.

Ich war immer wieder beeindruckt, wie tolerant er mit unserer Kultur umging, die in vielen Bereichen so wenig seinen Werten entsprach. Zum Beispiel, ich erwähnte es ja schon, der Umgang zwischen Jung und Alt in Deutschland. »Warum hast du Großmutter so ernst angeschaut?«, fragte er mich einmal, als ich mit etwas angestrengtem Gesicht den Wortschwall meiner Mutter über die neuesten Bege-benheiten in der Residenz über mich ergehen ließ. Noch bevor ich antworten konnte, sprach er weiter: »Sie ist eine sehr alte Frau. Sie ist deine Mutter. Sie sieht die Familie nicht so oft und möchte dann gern erzählen. – That's nor-mal!«

Er hatte recht, und ich fühlte mich schlecht.

Aber ob es um Großmutter ging, um die Jungs, die Mäd-chenbesuch bekamen, oder die allein lebende Ziehmutter, die gern am Wochenende ausging – Moaaz teilte mir häufig seine Gedanken mit, doch nie klang es wie Kritik. Er fragte und beobachtete, ohne zu verurteilen. Akzeptierte die oft so fremde Lebensweise und blieb trotzdem ganz bei sich. So funktioniert Zusammenleben und leben lassen in einem freien Land.

12

Wie gefährlich ist ein Flüchtling?

Sexuelle Belästigungen in Köln, Übergriffe in der
Silvesternacht in Hamburg. Was denkt Moaaz über
diese Zwischenfälle? Und wie lebt ein junger Mann
mit Vorurteilen in der Fremde?

Eine Freundin schickte mir ein Foto auf WhatsApp. Darauf abgebildet: eine Frau, die einen rot-weißen Bikini trug. Beim genauen Hinsehen bemerkte ich, dass er aus Streifen von Schinkenspeck hergestellt war. Mit dem Bild kam die Empfehlung, Frauen sollten diesen neuen »Bacini« aus reinem Schweinefleisch tragen, um Vergewaltigungen und sexuelle Übergriffe von Muslimen zu verhindern. Frauen, die gern auf Nummer sicher gehen wollten, wurde zusätzlich empfohlen, mit Bier statt mit Wasser zu duschen ...

Humor ist, wenn man trotzdem lacht. Eine Karikatur zur aktuellen Stimmung ...

Nach den Vorfällen in der Silvesternacht 2015/16 entflammten die absurdesten Unterhaltungen. Ich hörte auf dem Schulhof, wie sich Mütter darüber austauschten, dass sie sich nicht mehr trauten, ihre Töchter allein von der Schule nach Hause gehen zu lassen, seit dieses Asylantenlager auf dem Weg liege.

Ich schnappte Sätze auf wie: »Nix gegen die armen

Flüchtlinge, aber jetzt hat man in Köln ja mal gesehen, was die von Frauen denken und wie die mit Frauen umgehen.«

Ich erinnerte mich wieder daran, mit welchen Vorbehalten und Ängsten von Freunden und Nachbarn auch ich konfrontiert worden war, als Moaaz zu uns zog. »Als Frau allein im Haus mit einem fremden Mann aus einer fremden Kultur? Hast du da keine Angst? Vor allem nachts?« Oder: »Du hast ja immerhin nur Söhne im Haus. Wir würden auch sofort einen Flüchtling aufnehmen, aber mit unseren zwei Töchtern ist uns das doch zu gefährlich. Man kann ja schließlich nicht immer dabei sein und aufpassen...«

Meine Freundin Marion und ihr Mann hatten mit Hussein schon Monate vor mir einen Flüchtling aufgenommen. Er hatte sich nicht nur hervorragend in der Familie eingelebt, sondern sich auch blendend mit der achtzehnjährigen Tochter verstanden. Ich war nicht nur entsetzt, sondern auch ärgerlich über diese Klischees und Vorurteile. Nein! Ich hatte nicht eine Sekunde Bedenken gehabt, als Frau einen Jungen im Alter meiner Söhne aufzunehmen. Der Einzige, der bei uns nachts Angst hatte, war Moaaz. Und zwar dann, wenn Albträume vom Krieg ihn plagten, wenn er sich Sorgen um das Leben seiner Familie machte und um seine Zukunft. Und wir alle – meine Kinder, meine Familie, wir Deutschen und vor allem die Millionen Flüchtlinge, die den Terror hautnah erlebt hatten – teilten die Angst vor der IS-Bedrohung, die immer näher rückte. Aber Angst vor Flüchtlingen? Angst vor meinem schüchternen, bescheidenen Moaaz? – Absurd.

Vor Köln waren die Bilder des deutschen »Willkommenssommers« um die Welt gegangen. Rührende Szenen

136

von Passanten, die enthusiastisch applaudierend die ankommenden Flüchtlinge begrüßten, von Polizisten mit erschöpften Kindern auf den Armen und Menschen, die Lebensmittel und Kuscheltiere zum Bahnhof brachten. Jetzt waren überall in der Presse Bilder von den Krawallen am Hauptbahnhof und Domplatz zu sehen.

Als Moaaz von den sexuellen Übergriffen in der Silvesternacht hörte, war er schockiert. »Ich kann nicht verstehen, was diese Männer getan haben. Für mich ist Gewalt an Frauen fast so schlimm wie Mord. Diese Taten haben überhaupt nichts zu tun mit unserem Frauenbild, unserer Kultur und unserem Glauben. Wenn ein Ausländer in Deutschland leben will, sollte er die Gesetze achten!«, sagte er mir. Und fügte niedergeschlagen hinzu: »Was dort passiert ist, fällt auf alle Flüchtlinge zurück und macht die Stimmung zwischen Flüchtlingen und Deutschen kaputt.« Und ich konnte ihm nicht widersprechen – leider. Ihm war so klar wie mir, dass die Ereignisse dieser Silvesternacht Auswirkungen auch auf sein Leben in Deutschland haben würden. Mit den Vorfällen in Köln starb ein Stück Hoffnung auf eine fröhliche Multikulti-Gesellschaft.

Während meiner Zeit in Katar hatte ich eine kleine Ahnung davon bekommen, wie es sich anfühlt, von Menschen voller Vorurteile betrachtet zu werden. »Wenn du einem Katari erzählen würdest, dass du in der vergangenen Woche jeden Tag Sex mit einem anderen Mann gehabt hast, würde er nur gelangweilt mit den Schultern zucken. Denn das ist ohnehin das, was er von dir denkt«, hatte mir Laura im Zuge eines unserer vielen Gespräche erzählt. Gut möglich, dass sie damit übertrieben hatte, aber ich musste erst mal klarkommen mit dem Gefühl, ständig wie eine Prostituierte angesehen zu werden.

Sicher sind viele der jungen Männer, die nach Deutschland kommen, verunsichert und überfordert von der Freizügigkeit der Frauen, die unverhüllt und selbstbewusst ihre Schönheit und Reize zeigen. Dazu erfahren sie noch, dass bei uns eher der als nicht normal gilt, der keinen Sex vor der Ehe hat. Ich kann mir vorstellen, dass es extrem schwer ist, mit dieser fremden Kultur und Moral zurechtzukommen. Der Rückschluss allerdings, dass dadurch gleich Vergewaltigungen zur Tagesordnung gehörten, ist grotesk.

Aber Emotionen und das Unbewusste folgen leider nicht der Vernunft. Und natürlich hatten die Vorfälle in Köln die Ängste der Menschen bestätigt. Eine sonderbare Stimmung machte sich breit. Als ob alle muslimischen Männer sich vom Sexus gepeitscht auf weibliche Wesen stürzen würden. Für Moaaz kam es dann aber gar nicht so schlimm wie zunächst von mir befürchtet. Niemand machte auf der Straße einen Bogen um ihn. Und auch von Beschimpfungen hat er mir nie berichtet. Dennoch … Die Grundstimmung war angespannter. Und diese Stimmung thematisierte auch das Thalia Theater mit dem Stück »Und jetzt«. Die Theaterarbeit mit Flüchtlingen war eine Mischung zwischen Kunst und Integrationsarbeit. Schon im November 2015 hatte die Dependance Gaußstraße das Café »Embassy of Hope« eröffnet: In Zusammenarbeit mit verschiedenen Flüchtlingsorganisationen und vielen ehrenamtlichen Thalia-Mitarbeitern bot es an verschiedenen Tagen Tee und Kaffee, freies WLAN, Computerstationen, Gesprächsrunden, Rechtsberatung, Kochkurse und vieles mehr für Flüchtlinge. Moaaz nahm zunächst nichts davon an. Denn wie schon die Schulerfahrung gezeigt hatte: Er war und ist ein eher introvertierter Mensch, liebt es, sich zurückzuziehen und sich zu Hause aufzuhalten.

Im Deutschunterricht erfuhr Moaaz dann, dass das Theater in Kooperation mit dem Hamburger Jugendmigrationsdienst Theaterworkshops für Flüchtlinge zwischen siebzehn und siebenundzwanzig Jahren anbot: im Spiel Talente entdecken, Zugehörigkeitsgefühl und Vertrauen entwickeln, Gefühle wahrnehmen und sie darstellen, all das abseits des häufig sehr frustrierenden Alltags im Camp. Ein spannendes Projekt! Moaaz war sofort Feuer und Flamme und nahm fortan jeden Freitag von vier bis sieben Uhr an den Proben teil. Pünktlich zu sein war immer eine Herausforderung für Moaaz – aber das galt nicht für die Schauspielarbeit. Zu den Proben machte er sich immer rechtzeitig auf den Weg. Und das Wichtigste: Er kam fröhlich zurück. Moaaz hatte Spaß! Vielleicht das erste Mal seit langer Zeit.

Als ich Moaaz, kurz nachdem er zu uns gekommen war, erzählte, dass mein ältester Sohn Justus in Potsdam Schauspiel studiert, war er ganz aus dem Häuschen. Schauspieler war auch Moaaz' Traumberuf. Aber sein Vater hatte diese Begeisterung keineswegs geteilt. Wie viele Eltern hatte er sich gewünscht, dass sein Sohn »etwas Vernünftiges« studiere. So landete der kreative Moaaz bis zu seiner Flucht in einem Studium der Betriebswirtschaft.

Umso mehr freute ich mich nun für ihn. Gern hätte ich mehr über den Workshop erfahren, von Einzelheiten aus den Proben, über Inhalt und Umsetzung des Stücks und, und, und.

Der Wunsch, »mehr über das Leben meiner Söhne zu erfahren«, ist seit über zwanzig Jahren ein unerfüllter, denn sie sind Meister der Einwortsätze oder überhaupt darin zu schweigen. Dabei habe ich meine Ansprüche während des Zusammenlebens mit meinen Jungs schon auf ein Minimum reduziert und gebe mich inzwischen sogar mit ein paar kryptischen Satzbrocken zufrieden. Aber auch die sind oft nur mühsam aus den trägen Kinderkehlen zu bekommen. Kaum konnten sie sprechen, redeten sie den ganzen Tag ohne Punkt und Komma und bombardierten mich mit Fragen, bis ich kurz vor dem Nervenzusammenbruch stand: »Wer ist stärker, Papi oder ein Indianer? Was passiert, wenn ein Trecker in eine Polizeistation fährt? Was ist, wenn ich so viel Kuchen esse, bis mein Bauch platzt? Was, wenn der Mond auf meinen Kindergarten fällt?« Die Jungs redeten, bis ich um Gnade flehte.

Heute weiß ich: Man muss immer aufpassen, was man sich wünscht. Denn schon wenig später kam nichts mehr. Weder Fragen noch Antworten. »Was habt ihr im Kindergarten gemacht?«, wollte ich beispielsweise wissen.

»Nix«, war alles, was mir entgegnet wurde.

»Wie war euer Schultag?«, erkundigte ich mich freundlich.

»Gut«, erwiderten die Söhne einsilbig.

Es scheint mir bis heute, als hätten meine Söhne in den ersten drei Lebensjahren all ihre Wörter für die nächsten zwanzig Jahre verbraucht.

Moaaz bildete eine willkommene Ausnahme, denn er weigerte sich nie – wie der Rest der Jungs – komplett, Auskunft auf neugierige mütterliche Fragen zu geben. Aber über die Theaterarbeit war auch aus ihm wenig herauszubekommen. Vielleicht reichten seine Sprachkenntnisse nicht aus? Vielleicht war es überhaupt schwierig, Unbeteiligten zu erklären, wie so ein Schauspieltraining funktionierte?

Es fiel auch Justus häufig nicht leicht, mir die vielfältigen Aufgaben und Herausforderungen zu erklären, die sein Studium mit sich brachte. Vielleicht aber wollte Moaaz auch einfach einen Bereich ganz für sich haben ... Wie auch immer – der Workshop war ein Segen für meinen Ziehsohn. Und ich gab nicht auf, auf anderen Wegen mehr über das Theaterprojekt in Erfahrung zu bringen: Ich verabredete mich einfach eines Tages vor Probenbeginn mit dem Regisseur auf einen Kaffee. Altamasch Noor war sechsundzwanzig Jahre alt, gebürtiger Afghane, in Deutschland aufgewachsen und leitete bereits seit vier Jahren Workshops mit Flüchtlingen im Thalia Theater Gaußstraße. Er war sofort bereit, mir ein wenig von seiner Arbeit zu erzählen. »Wir suchen Themen, die mit der Geschichte der Flüchtlinge zu tun haben«, verriet er mir. »Themen, die die Flüchtlinge bewegen und die auch uns Deutsche bewegen in unserem neuen Leben mit vielen fremden Mitbürgern. Nachdem wir uns im vergangenen Jahr mit der Flucht übers Mittelmeer, mit Ankunft und Unterkunft beschäftigt haben, bewegt uns nun alle die Frage: Wie soll es weitergehen mit den Millionen Fremden im Land?«

Auf meine Frage, wie so ein Stück entsteht, erwiderte er: »Die Idee zu diesem Stück war in meinem Kopf, den Rest versuchte ich, gemeinsam und behutsam mit den Flüchtlingen umzusetzen. Wozu sind sie bereit? Wie weit können wir gehen? Wie sehr können sie sich einlassen auf eine ironische Betrachtung ihres Lebens in Deutschland? All das versuche ich aus ihnen herauszukitzeln. Ein spannender Prozess.«

Ein paar Wochen später war es so weit: Gemeinsam mit fünfzehn anderen jungen Männern und Frauen aus aller Welt stand Moaaz mit »Und jetzt?« auf der Bühne der »Garage«, einer kleinen Bühne in der Thalia-Dependance Gaußstraße.

Gespannt wie ein Flitzebogen, saß ich auf der Zuschauerbank: Wie hatte Regisseur Altamasch seine Idee umgesetzt? Welche Rolle würde Moaaz spielen? Ich war ebenso stolz und aufgeregt wie bei den Schulaufführungen meiner Kinder.

»Willkommen im Zirkus d'Asyl«, hörte ich. Zwei junge deutsche Frauen traten auf die Bühne: Zirkusdirektorinnen und Dompteurinnen in einer Person. Sie knallten mit einer Peitsche und zeigten auf den Bretterverschlag am Bühnenrand, den Käfig der Kuriositäten. »Wir präsentieren die ›Wilden aus einer fremden Welt‹.« Ein als Clown verkleideter Flüchtling öffnete gehorsam den Bretterverschlag.

Aus dem Käfig sprang ein Farbiger im Lendenschurz, tanzte als »Stammesführer« mit einer Banane in der Hand über die Bühne, fütterte seine Frauenschar, sollte wohl Fruchtbarkeit, Paarungsrituale und Macht symbolisieren. Dann plötzlich sprangen die »schwarzen Wilden« von der Bühne und begannen die Zuschauer mit Bananen zu füttern.

Wie fühlte er sich an, der Rollentausch für die Theaterbesucher in der ersten Reihe?

Genauso spannend, wie das Spektakel auf der Bühne zu beobachten, war es, in die Gesichter der Zuschauer zu blicken, die viele Gefühlsregungen zeigten, von amüsiert bis kritisch über verdutzt, irritiert und nachdenklich bis bewegt.

Als Nächstes öffnete sich der Käfig für eine »hochschwangere« Frau. Sie betrat die Bühne, »gebar« ihr Baby, stellte entsetzt fest, dass es ein Mädchen war, und warf es im hohen Bogen weg. Eine Mädchenpuppe nach der anderen zog die Frau nun unter ihren Röcken hervor und warf sie auf den Müll. Sie gebar und gebar in der sehnlichen Hoffnung und unter dem Druck, endlich einen Jungen zu bekommen.

Auch die Abschlussszene griff das Thema der Frauenrolle im Orient auf: Eine Gruppe Flüchtlinge in traditionellen schwarzen Burkas und mit Gesichtsschleier tanzte anmutig über die Bühne. Dann zogen die vermeintlichen Damen ihren Schleier vom Gesicht und präsentierten den überraschten Zuschauern ihr wahres Gesicht – mit Bart! Ein Mann in der Burka? Ein Mann in Frauenkleidern. Ein Tabubruch, der vor allem eine kleine Gruppe muslimischer Zuschauer verstörte, die spontan den Saal verließ. Die übrigen blieben zurück mit der Frage: Warum zwingen wir unsere Frauen zur Verschleierung? Warum dürfen Männer sich ohne Schleier in der Öffentlichkeit präsentieren?

Als Höhepunkt des Abends ließen die Dompteur-Dominas das »Köln-Sex-Monster« aus dem Käfig. Schüchtern setzte der junge Mann sich zunächst auf einen Stuhl, bis die Frauen ihn mit Peitsche und weiblichen Reizen folterten, ihn zwangen, den gefährlichen Muslim zu spielen.

Nun stürzte er sich hilflos, wahnsinnig »notgeil« auf die Dompteusen und dann auf die Frauen im Publikum. Der gefährliche Flüchtling aus dem Käfig – wohl Sinnbild für die jungen muslimischen Männer, die in den Einrichtungen unserer Stadt lebten.

»In der Heimat sind die meisten von ihnen, außerhalb der Familie, von Frauen isoliert aufgewachsen. Eine Welt, in der Sex tabu ist. Ein Leben bestimmt von der Religion, überwacht vom Staat, unter einem enormen moralischen Druck. Und dann begegnen diese Männer auf der Straße den freizügig gekleideten Frauen«, hatte Regisseur Altamasch mir erklärt. Und hinzugefügt: »Es gibt keine Entschuldigung für Männer, die Frauen belästigen. Weder für Christen noch für Muslime. Weder im Mittleren Osten noch in Deutschland noch irgendwo sonst auf der Welt. Aber wir möchten dazu anregen, nach dem Grund für diese Übergriffe und die Schwierigkeiten im Zusammenleben zu suchen, sich damit auseinanderzusetzen und eine Lösung zu finden.«

Es wurde leise auf der Bühne. Aus dem Off ertönten Stimmen. Die Flüchtlinge erzählten von ihren Schicksalen, von den Erlebnissen im Krieg und auf der Flucht.

Der Clown nahm die Flüchtlinge als Menschen mit Geschichten und Gefühlen wahr. Er haderte mit seiner Aufgabe, widersetzte sich dem Gehorsam und öffnete den Käfig.

Die Flüchtlinge stürmten heraus, riefen: »Und jetzt?«

Das Licht erlosch und ließ die Zuschauer mit dieser Frage und der dazugehörigen Antwort im Dunkeln.

Welche Rollen spielen wir alle in unserem deutschen »Flüchtlingsdrama«? Welche Klischees, Vorurteile und Gedanken gegenüber den Fremden belasten die Beziehung und das Aufeinandertreffen der Kulturen auf beiden Seiten?

Diese Fragen nahmen alle Zuschauer mit heim. Und ich einen sehr stolzen Moaaz!

Natürlich erzählte ich zu Hause den Jungs von dem Stück, von Moaaz' Rolle als tanzende Muslima. Und wir diskutierten lange über die Angst der Deutschen vor Flüchtlingen, die Angst nach den Übergriffen in Köln, die Angst der Flüchtlinge vor Übergriffen rechtsextremer Deutscher, die Angst voreinander.

Wer unter Höhenangst leidet, soll auf einen Turm klettern, wer Angst vor dem Fliegen hat, soll ein Flugzeug besteigen, wer Angst vor Hunden hat, soll sich ihnen immer wieder nähern. So funktioniert die Verhaltenstherapie. Wer also Angst vor Flüchtlingen und fremden Kulturen hat – der sollte den Kontakt suchen, überlegten wir.

Mir kam spontan eine Szene aus dem »Kleinen Prinzen« in den Sinn: »›Zähmen, das ist eine in Vergessenheit geratene Sache‹, sagte der Fuchs zum kleinen Prinzen. ›Es bedeutet: sich vertraut machen … Man kennt nur die Dinge, die man zähmt … Wenn du einen Freund willst, so zähme mich!‹

›Was muss ich da tun?‹ sagte der kleine Prinz.

›Du musst sehr geduldig sein‹, antwortete der Fuchs.«

Ich glaube, ein Geheimnis der Integration ist Geduld! Für Umdenken und Lernen, Akzeptanz und Toleranz, vertraut zusammenzuleben braucht es neben der Bereitschaft vor allem auch Geduld und viel, viel Zeit.

Vor dem Ins-Bett-Gehen krabbelte Johann wie so oft kurz auf Moaaz' Schoß, umarmte ihn und gab ihm einen Kuss auf die Wange. »Jetzt bist du ganz in echt ein Schauspieler. So wie Justus«, sagte er stolz. »Und ich wusste ja gar nicht, dass du auch so ein cooler Tänzer bist«, feixte er vergnügt, während er Moaaz nachahmend die Treppe hinauftänzelte.

13

Sind Männer eigentlich immer klüger?

Die Frauenrolle ist auch heute noch überall auf der Welt
ein Thema. Und keineswegs nur im Islam.

Steckt unter jedem Kopftuch eine unterdrückte Frau? Dürfen Ehemänner über ihre Frauen bestimmen, sie sogar schlagen? Werden Jungen von Geburt an wie kleine Prinzen behandelt und Mädchen zu Haushaltshilfen erzogen? Fragen, die immer wieder auftauchen. Vor allem Frauenbild und Frauenrolle sind ein beliebtes Diskussionsthema. Denn durch die Flüchtlinge in unserem Land sind der islamische Glaube und die arabische Kultur näher an uns herangerückt.

Aber offenbar wuchsen auch unter meinem Reihenhausdach kleine Prinzen heran, oder sie benahmen sich zumindest immer mal wieder recht ähnlich. Neulich zum Beispiel so: »Kannst du bitte etwas leiser die Küche aufräumen?!«, rief Jonah mir aus dem Wohnzimmer zu. Statt mich zu unterstützen und die Küche nach einem schönen gemeinsamen Essen ebenso vereint aufzuräumen, lagen die Jungs gemütlich auf dem Sofa und verdauten die Mahlzeit bei einem Actionfilm, während ich mutterseelenallein in Aktion war und die Geschirrspülmaschine einräumte.

»Das Geklapper stört jetzt echt«, stimmte Juri ihm zu,

während Johann vorschlug: »Du kannst doch später die Hausarbeit machen, wenn wir draußen spielen und du allein bist und nichts zu tun hast.«

Ich traute meinen Ohren nicht! An welcher Stelle in der Erziehung hatte ich so versagt, dass meine Söhne in der Annahme lebten, ich hätte keinerlei Interessen neben ihnen und würde die Traurigkeit ihrer zeitweiligen Abwesenheit nur mühsam mit Hausarbeit überbrücken?

Statt meine aufkeimenden nicht sehr mütterlich-liebevollen Gefühle mit einem kleinen Wutgewitter zu entladen, beschäftigte ich mich lieber mit der Frage, was denn eigentlich der Koran offiziell dazu sagt, wie Frauen und Männer miteinander umgehen sollen. Ergoogelt hatte ich: Der Koran spricht von einem »anständigen Umgang« zwischen Männern und Frauen, von Gleichberechtigung und Gerechtigkeit, und sagt genauer dazu: »Männer und Frauen sind vor Gott beide gleich und deshalb auch gleichberechtigt, sagt der Koran. Darin sind sich Islamwissenschaftler einig. Doch weil Mann und Frau sich körperlich unterscheiden und deshalb verschiedene Stärken und Schwächen haben, hat Gott ihnen laut Koran unterschiedliche Aufgaben zugeteilt.«

Ich fragte Moaaz nach seiner Meinung dazu. »Ich glaube, Frauen sind intelligenter als Männer«, meinte er und schob als Erklärung hinterher: »Ich habe sieben Cousinen, und sie sind alle sehr viel intelligenter als meine Cousins.«

Ich zog eine Augenbraue hoch. »Meinst du wirklich?«

»Okay, okay! Vielleicht sind Männer genauso intelligent wie Frauen«, knickte er ein und erklärte noch: »Frauen können auf jeden Fall die gleiche Arbeit tun wie Männer.«

»Und was denkst du über die unterschiedlichen Stärken?«, wollte ich wissen.

»Die gibt es auf jeden Fall! Ich empfinde Frauen zum Beispiel als die besseren Ärzte, weil sie häufig einfühlsamer sind.«

Koran hin, Islam her – zu Stärken und Schwächen von Frauen haben meine Prinzen eine recht sonderbare Vorstellung. Zum ersten Mal war mir das klar geworden, als Justus mich vor vielen, vielen Jahren plötzlich mit der Frage konfrontierte: »Sind Männer eigentlich immer klüger als Frauen, Mami?«

Jonah baute sich sogleich neben ihm auf. Getrieben von kindlicher Neugier, wollte er die Antwort auf diese spannende Frage, die ihm bedauerlicher Weise nicht selbst eingefallen war, auf keinen Fall verpassen.

Kurz verschlug es mir die Sprache. Mein Schweigen allerdings schien Justus' Annahme noch zu bestätigen.

»Guck mal, Mami«, erklärte er mir in mitleidigem Ton. »Papi kann ferngesteuerte Schiffe, geplatzte Fahrradreifen, die elektrische Eisenbahn und sogar unser Auto reparieren. Er kann mit einer Hand die Altpapiertonne hochheben und ist stärker als ein Indianer.« Dann überlegte er angestrengt, ob ihm noch weitere Beispiele einfielen, um seiner offensichtlich etwas begriffsstutzigen Mutter die männliche Überlegenheit klarzumachen, während ich darüber nachdachte, an welcher Stelle ich in der Erziehung versagt hatte und wie ich meinen Söhnen pädagogisch wertvoll die Gleichstellung von Mann und Frau in der heutigen Gesellschaft erklären könnte. Spontan sagte ich: »Männer sind natürlich nicht klüger als Frauen. Frauen und Männer sind gleich klug, haben manchmal jedoch unterschiedliche Fähigkeiten.« (Heute klingt das für mich, als hätte ich damals Passagen aus dem Koran zitiert.) »Was glaubt ihr zum Beispiel kann ich besser als Papi?«, fuhr ich fort.

In dem Bemühen, ein Beispiel zu finden, hatte Justus seine Stirn in Falten geschlagen, während Jonahs ganzes Gesicht einem Fragezeichen glich und die Absurdität meiner Frage spiegelte.

»Milchreis kochen!«, rief Justus.

Peng! Die Antwort traf mich mitten ins Herz, während Justus erleichtert wirkte, weil ihm zum Glück noch etwas eingefallen war. Und mir wurde klar, dass pädagogische Erklärungen hier nicht weiterhelfen würden.

Gleich am nächsten Tag würgte ich unter Verwendung der derbsten Schimpfwörter absichtlich den Motor unseres Autos ab. Ich ließ den Wagen an den Straßenrand rollen und verkündete meinen Söhnen auf dem Rücksitz: »Der ist hin!«

»Wir könnten Papi anrufen«, schlug Jonah sofort vor.

»Oder einen Abschleppwagen rufen«, rief Justus begeistert. »Ich fahre dann im Abschleppwagen mit«, ergänzte er schnell. »Ich will auch im Abschleppwagen mitfahren«, kreischte Jonah wie erwartet. Und sofort prügelten sich die Brüder auf der Rückbank.

»Ich schau mal, was sich da machen lässt.« Als ich ausstieg und die Motorhaube hochklappte, hielten die Streithähne verblüfft inne. Es schien, als hätten sie eher erwartet, dass ein Ufo landen würde, um uns an Bord zu nehmen, als dass ihre Mutter überhaupt nur den Hebel fände, um die Motorhaube zu öffnen.

Verwundert lauschten sie meinem Hämmern und Schrauben im Motorraum, und ich genoss das wenig bekannte Gefühl von Bewunderung.

»Das wär's dann wohl.« Ich wischte die Hände an den Hosenbeinen ab, startete den Motor und fuhr ohne weitere Erklärungen los.

Zufrieden betrachtete ich im Rückspiegel die zwei offenen Münder meiner ungläubigen Kinder. Keinen Tag länger würde ich meine Söhne in der Vorstellung leben lassen, Frauen seien nur auf der Welt, um Milchreis zu kochen. Wenn auch beeindruckend – lange hielt meine Demonstration nicht vor.

Vor etwa sechzig Jahren wurde die Gleichberechtigung von Mann und Frau zwar im Grundgesetz der Bundesrepublik Deutschland festgeschrieben, aber in der Realität sieht es oft noch ganz anders aus. Die Aufgabe, Familie und Beruf irgendwie unter einen Hut zu bekommen, bleibt nach wie vor häufig an den Frauen hängen. Denn nicht nur in Syrien, sondern auch bei uns sind viele Menschen der Meinung, dass für Haushalt und Kindererziehung die Frau im Grunde allein zuständig wäre. Vor allem die eigenen Kinder. Es ist schon in Ordnung für den Nachwuchs, wenn die Mutter einem Job nachgeht und Geld verdient. Schließlich sollte der Kühlschrank voll sein und die Stromrechnung für die Playstation bezahlt werden. Aber das Arbeiten sollte möglichst unbemerkt passieren und weder Familie noch Haushalt beeinträchtigen.

Moaaz sah das übrigens so: »Meine Mutter hat als Schneiderin gearbeitet. Das finde ich gut. Frauen sollten nicht nur zu Hause bleiben. Sie brauchen frische Luft und sollten jeden Tag etwas Neues erleben – außerhalb des Hauses.« Spannend! Nun, viele Frauen in Deutschland arbeiten halbtags und nur, wenn die Kinder in der Schule sind, sodass die lieben Kleinen die Abwesenheit gar nicht mitbekommen und zur Überzeugung gelangen, Mütter seien nur zu Hause glücklich. Wie ich darauf komme: Es ist nicht allzu lange her, da war ich mit einer meiner Freundinnen, einer erfolgreichen Anwältin, verabredet – schön essen gehen, einen Drink an der Bar nehmen, vielleicht noch ein wenig tanzen im Anschluss. Der Abend begann für sie mit der Frage ihres Sohnes: »Warum willst du denn weggehen, Mami? – Du hast doch hier zu Hause alles, was du brauchst.«

Ich nehme an, dass sich sein Weltbild, das unausgesprochen zwischen diesen Wörtern liegt, mit dem vieler reizender Söhne auf der ganzen Welt deckt. Artgerechte Mütterhaltung ist: ein Dach über dem Kopf, ein Badezimmer und ein Platz zum Schlafen, Supermärkte in erreichbarer Nähe, ein Waschkeller, weil Mütter sich immer so freuen, wenn ihre Kinder sauber angezogen sind, und – als absolute Krönung des Glücks: die Küche, wo die ambitionierte Mutter ungebremst ihre Leidenschaft ausleben kann, die Familie mit Mahlzeiten zu versorgen.

Ob Christen, Muslime oder Atheisten: Manchmal versäumen wir Frauen es, unseren geliebten Jungs im Laufe der Erziehungsarbeit zu vermitteln, dass Mütter zur Gattung »Frau« gehören, ihre eigenen Bedürfnisse haben und eigentlich ganz normale Menschen sind. Natürlich spielt die Gesellschaft eine Rolle. Aber Prägung geschieht eben auch in der Familie. Und was Moaaz anging, hatte ich in seiner Mutter offenbar eine Verbündete.

Wenn man sich mit dem Frauenbild im Islam beschäftigt, kommt man um die Sache mit der Verschleierung nicht drum herum.

Im Koran finden sich Hinweise und Regeln zu Kleidungsvorschriften. Ich lernte: Nicht nur die Frauen sollen sich verhüllen, um sich vor Blicken der Männer zu schützen und ihre Würde zu behalten. Beide Geschlechter werden angehalten, lockere Kleidung zu tragen, die die Körperform nicht preisgibt.

Wie Moaaz es damit hält? Ich kann sagen: Ich habe ihn nie in Shorts gesehen, nie ärmellos und natürlich auf gar keinen Fall im Muskelshirt. Das Höchste der Gefühle, wenn es im Sommer wärmer wurde, waren kurzärmlige T-Shirts. Und Moaaz meinte zu mir: »Frauen sollten sich schön anziehen, finde ich. Aber nur für sich selbst und nicht, um die Blicke oder die Aufmerksamkeit der Männer zu bekommen. Eine hübsche Frau ist hübsch. Sie braucht das Männern nicht extra zu zeigen durch besondere Kleidung. Ich finde es auch nicht gut, wenn Männer sich so anziehen, dass man ihre Muskeln sieht, um Frauen zu beeindrucken.«

Aber obwohl diese Vorschriften für Männer und Frauen gelten, wird immerzu nur über die Verhüllung der Frauen geredet. Das Thema Kleidung hatte auch das Theaterstück »Und jetzt?« aufgegriffen und extreme Reaktionen hervorgerufen, als unter den Burkas bärtige Männer zum Vorschein kamen. Offenbar beschäftigte sich auch Moaaz mit dem Thema, denn er hatte in dem Stück gewagt, als Frau verkleidet über die Bühne zu tanzen. Keine einfache Rolle für einen Muslim! Aber er war nicht nur verschleiert aufgetreten, sondern hatte anschließend engagiert mit den empörten muslimischen Zuschauern diskutiert und versucht, ihnen die Botschaft der Szene zu vermitteln: Warum eigentlich dürfen sich die Männer im Orient ohne Schleier präsentieren? Warum müssen sich nur unsere Frauen verhüllen?

Eine Antwort fanden die Zuschauer nicht an diesem Abend. Aber wenn Kulturen aufeinanderprallen, führt das zu einer lebhaften Diskussion und im besten Fall zum Hinterfragen der eigenen Ansichten. Auf beiden Seiten.

Und was war mit dem Thema Gewalt? Nach den sexuellen Übergriffen in Köln kursierte in vielen heißen Diskussionen immer wieder hartnäckig die Meinung, dass Männer ihre Frauen körperlich maßregeln dürften.

Der Koran spricht zwar von Gleichberechtigung und Gerechtigkeit, aber gleichzeitig fand ich Zitate über Gewalt. Hier ein Beispiel: »Und jene (Frauen), deren Widerspenstigkeit ihr befürchtet: Ermahnt sie, meidet sie im Ehebett und schlagt sie! Wenn sie euch dann gehorchen, so sucht gegen sie keine Ausrede.«

Und die Bibel? Ist an dieser Stelle auch nicht gerade zimperlich. Dort las ich unter anderem: »So tötet nun alles, was männlich ist unter den Kindern, und alle Frauen, die nicht mehr Jungfrauen sind; aber alle Mädchen, die unberührt sind, die lasst für euch leben.«

Ob in Bibel oder Koran: Aufrufe zur Gewalt fand ich mehr, als mir lieb war. Darüber wollte ich mit Moaaz sprechen. »Was denkst du über die Rechte und die Rolle der Frau im Islam?«, fragte ich ihn. »Erlaubt der Koran wirklich, Frauen zu schlagen?«

»Ich glaube, ich habe deine Frage nicht verstanden«, antwortete er erschrocken.

Mir schien, das lag nicht an noch mangelnden Deutschkenntnissen, sondern daran, dass er nicht verstand, wie ich auf so eine Frage kam. Vielleicht fühlte er dasselbe Unverständnis, das mich ergreift, wenn ich die Statistiken über Gewalt in der Ehe in Deutschland lese.

Misshandlung von Frauen gehört genauso wenig zu Moaaz' Glauben wie zu meinem. Und doch findet sie statt. In Syrien wie in Deutschland, unter Muslimen und Christen. Gewalt ist ein Thema, das wenig mit Glauben zu tun. Auch wenn die Religion oft als Rechtfertigung dafür missbraucht wird. »Mein Vater hat meine Mutter respektiert und niemals geschlagen!«, sagte Moaaz. Damit war das Thema für ihn beendet.

Als er mein fragendes Gesicht sah, setzte er sich neben mir an den Tisch, und wir klappten wieder einmal meinen Laptop auf. Ich hätte gern mehr Persönliches erfahren, statt schon wieder das Internet zu Rate zu ziehen. Aber ich lebte seit mehr als zwanzig Jahren mit Jungs zusammen und war schließlich an ihre Mundfaulheit gewöhnt – leider. Und auch Moaaz machte da keine Ausnahme.

Wir fanden eine Stelle im Koran. Danach war es Aufgabe des Mannes, für seine Familie zu sorgen, denn er sei vor Gott verantwortlich für das Wohlergehen seiner Familie. Und weiter: »Die Vollkommenen im Glauben sind von den Gläubigen die besten an Charakter und Benehmen, und die besten von euch sind die, die ihre Frauen am besten behandeln.« Die Frau ist die Person, welche die Kinder empfängt, in sich trägt, gebiert, stillt und erzieht; sie trägt die Hauptverantwortung für das Wohl der Kinder ...«

»So habe ich gelebt, und so sollte es sein, oder?«, fragte Moaaz. »Bei uns zu Hause hatten meine drei Schwestern die gleichen Rechte wie ich. Sie wuchsen frei auf und durften natürlich draußen spielen – so wie meine Brüder und ich. Als die Mädchen in die Pubertät kamen, hat meine Mutter dann aber schon etwas mehr aufgepasst. Die Mädchen durften sich mit Freundinnen oder Cousinen zu Hause oder in einem Café verabreden oder gemeinsam einkaufen gehen. Aber natürlich durften sie nicht allein tanzen gehen in einer Disko. Allerdings dürfen gläubige junge Männer das genauso wenig. Nur machen manche von ihnen das heimlich.«

Weiter erzählte er: »Im Sommer sind meine Schwestern mit ihren Freundinnen schwimmen gegangen, aber nur in ein privates Frauen-Schwimmbad. Meine Mutter hat damals als Näherin gearbeitet und hatte viel zu tun mit Job und Familie. Wir Kinder haben *alle* im Haushalt mit angefasst, um sie zu unterstützen. Nicht nur die Mädchen! Meine Schwestern haben meistens in der Küche und mit der Wäsche geholfen. Meine Brüder und ich haben im Garten mit angefasst und die Lebensmitteleinkäufe für meine Mutter nach Hause getragen.«

Ich fragte mich, ob die Aufteilung der Hausarbeit in Moaaz' Familie ohne lange Diskussionen funktioniert hatte. Von der Idee, dass meine Jungs mit offenen Augen durchs Haus gehen würden und selbst sähen, was zu tun war, hatte ich mich längst verabschiedet. Ohne ganz konkrete Ansagen hatte noch nie etwas in diesem Männerhaushalt geklappt. Heute sehe ich das etwas gelassener. Früher eher nicht…

Einmal, vor sehr langer Zeit, hatte ich mich zu einer Hausführung bemüßigt gefühlt. Wie es dazu gekommen war? Um halb acht war ich am Sonntagmorgen aufgestanden und als Erstes über einen Berg achtlos hingeworfener Schmutzwäsche in die Dusche gekrabbelt. Als ich den Wäscheberg in den Keller hatte tragen wollen, war ich über Gummistiefel und Fahrradhelme gestolpert und die Treppe hinuntergestürzt. Zum Glück ohne weitere Verletzungen, weil ich auf einem Berg dreckiger Anoraks und feuchtmodriger Sportklamotten gelandet war.

Zwei Stunden später, beim gemeinsamen Decken des Frühstückstisches, war mir dann der Geduldsfaden endgültig gerissen: nach einem »Wo ist das Nutella?«, einem »Mama, warum gibt es keine Eierlöffel!?« und der hochinteressanten Frage »Womit soll ich den verschütteten Apfelsaft aufwischen?«.

»Wir befinden uns im Erdgeschoss des Hauses«, sagte ich. »Links geht's in die Küche, in der Geschirr und Lebensmittel zu finden sind. Frische Nahrungsmittel werden im Kühlschrank aufbewahrt, haltbare in den Vorratsschränken rechts und links daneben. Unter der Spüle befinden sich Putzmittel, Wischlappen und der Mülleimer.«

»Jetzt tickt sie ganz aus.« Jonah machte eine Scheibenwischer-ähnliche Handbewegung vor seiner gerunzelten Stirn und blickte zu seinem großen Bruder, der zur Bestätigung mit dem Zeigefinger an seine Schläfe deutete. Ich ignorierte die Gefühlsregungen meiner Jungs und fuhr fort, meinen Söhnen das gemeinsame Eigenheim wie eine Stadtführerin zu erklären: mit freundlich-neutraler Stimme und Handzeichen.

»Über eine Kellertreppe erreicht man, sofern sie frei zugänglich ist und die Stufen nicht von Schuhwerk, Dreckwäsche oder anderen Gegenständen blockiert sind, den Keller. Hier werden Winterjacken, Gummi- und Matschstiefel im Trockenraum aufbewahrt – sowie auf den dafür vorgesehenen Regalen!«

Ich hatte es manchmal echt satt, meine Jungs zu bedienen, die so orientierungslos durchs Haus irrten, als wären wir gerade erst letzte Woche dort eingezogen. Seltsamerweise trat die geografische Unkenntnis sehr selektiv auf. Die Jungs wussten immer genau, wo die Fernbedienung lag, und fanden auch im größten Chaos sofort Gameboy, Computerspiele und sogar die Naschidose, vergaßen aber aus dem Stand, wo sich der Behälter für die Schmutzwäsche befand.

Moaaz legte sogar seine Schmutzwäsche ordentlich zusammen, faltete Bettwäsche und Handtücher, bevor er sie in den Waschkeller brachte. »Bei uns lag nie etwas rum. Keine Klamotten, keine Schuhe«, erklärte er seine Ordnungsliebe. »Meine Mutter mag keine Unordnung und ich auch nicht. Ich finde es schön, wenn alles seinen Platz hat.« Ungläubig hörte ich ihm zu und fühlte einen kleinen Anflug von Neid auf seine Mutter. Und ich bewunderte sie. Wie und mit welchen Tricks hatte sie wohl ihre drei Jungs zur Ordnung erzogen? Ich habe ein ganzes Regal von Erziehungsratgebern. Theoretisch weiß ich alles über Jungs-Erziehung.

Zum Beispiel auch, dass Kinder, wenn sie ewig dieselben Ermahnungen, ständig das gleiche Gemecker hören, einfach abschalten können. Theorie ist toll, das Leben aber anders.

Daher kennen meine Jungs längst meine gelegentlichen »Frauenkrisen« und Wutausbrüche, sind aber jedes Mal einsichtig – für kurze Zeit zumindest.

So auch neulich. Justus hatte mir in spontaner Hilfsbereitschaft zugesagt, die Küchenschränke auszuräumen und von innen zu reinigen. Als ich nach einer halben Stunde vom Hundespaziergang zurückkam, lag er erschöpft auf dem Sofa.

»Das ist total anstrengend, dieses Geputze«, erklärte er stöhnend seine Pause. Und als er meinen kritischen Blick sah, fügte er hinzu »Du kannst das besser. Du bist das ja auch gewohnt.«

Und letzte Woche wies mich nun Johann mit etwas mitleidigem Ton auf die Unterschiede von Mann und Frau hin: »Es ist doch so, Mami: Stephen Hawking – ein Mann. Albert Einstein – ein Mann.« Er setzte die Aufzählung fort mit einem Gesicht, als sei ich etwas schwer von Begriff: »DER Weihnachtsmann, DER Heilige Geist, DER Nikolaus. Ach stimmt. Es gibt ja Feen. Die sind ganz süß.«

Die Frauenrolle ist auch heute überall auf der Welt ein Thema.

14

Die Geschichte mit der Ernährung

Welche Lebensmittel – außer Marmeladentoast –
sind eigentlich halal: erlaubt? Wie und was isst mein
Ziehsohn am liebsten, und wo gibt es das überhaupt?
Wir gehen einkaufen und kochen – Geschmäcker und
Esskulturen treffen aufeinander.

»Der Orangensaft schmeckt irgendwie komisch heute Morgen.« Johann setzte mit angeekeltem Gesichtsausdruck das Glas ab. Wir saßen beim Frühstück. Und beim Start in den Alltag habe ich wirklich weder Zeit noch Lust auf Diskussionen. Schon gar nicht auf die ständigen Beschwerden über das gesunde Frühstück, zu dem auch Müsli und Orangensaft gehören.

»Hör auf zu meckern und trink!«, ermahnte ich Johann, der daraufhin einen weiteren Schluck nahm.

Aber nun fing auch Juri an, der mit seinen inzwischen dreizehn Jahren schon mehr Potenzial zum Widerspruch mitbrachte: »Riech doch mal selber, Mami. Das stinkt eklig.« Er schob das Glas zu mir rüber.

Genervt schnupperte ich am Morgen-Vitaminkick. Und tatsächlich roch der nicht ausschließlich nach Orange, sondern nach Wodka! Mir schwante, dass Jonah und seine Freunde beim fröhlichen Pokerabend tags zuvor ihre Longdrinks offensichtlich nicht erst im Glas, sondern schon vorher in der Flasche gemixt hatten.

Schnell versuchte ich Johann zu bremsen, der keine Lust auf Morgenstreit mit Mutter hatte und widerspruchslos das Glas an den Mund gesetzt hatte.

»Stopp!«, rief ich. »Da ist Wodka drin.« Tapfer hatte er bereits das halbe Glas geleert. Nachdem er verstanden hatte, dass er zum ersten Mal in seinem Leben vor einem Glas mit echtem Schnaps saß, leuchteten seine Augen, und er leerte es hastig und in zwei großen Schlucken. Vermutlich ahnte er, dass sich ihm so schnell nicht wieder eine Gelegenheit bieten würde, Alkohol zu trinken wie seine großen Brüder.

Zum ersten Mal war ich froh, dass Moaaz das Frühstück wieder mal verschlafen hatte. Es reichte ja schon, dass seine sonderbare deutsche Ziehmutter die Gewohnheit hatte, regelmäßig ein Glas Wein zu trinken. Aber die Erfahrung, dass sie ihren neunjährigen Sohn nun schon am Frühstückstisch mit harten Getränken abfüllte, wollte ich ihm gern ersparen.

»Cool! Ich habe echten Wodka getrunken. Das glaubt mir bestimmt keiner in meiner Klasse«, verkündete Johann stolz.

Ich konnte nur hoffen, dass der Wodka keine Fahne verursachte und es ihm wirklich niemand glaubte.

Es war mir klar, dass Alkohol für die meisten Muslime ein absolutes No-Go und auch Schweinefleisch verboten war. Viel mehr aber wusste ich nicht über Ernährung und Esskultur im Islam, als Moaaz bei uns einzog.

Ich hatte schon öfter den Ausdruck »halal« gehört. Aber

was genau bedeutete das? Was durften Muslime ihrem Glauben nach essen und was nicht?

Als die Kinder in der Schule waren, leerte ich vorsichtshalber alle angebrochenen Orangensaftflaschen in den Ausguss. Moaaz, der an diesem Tag keinen Deutschunterricht hatte, schien noch tief und fest zu schlafen. Also setzte ich mich wieder einmal an meinen Rechner, um etwas mehr über das Leben meines fünften Sohnes zu erfahren.

Als Erstes fand ich ein paar aufschlussreiche Verhaltensregeln: Beim traditionellen Essen, bei dem alle von einer großen Platte essen, benutzt man drei Finger der rechten Hand – die linke gilt als unrein – und nimmt nur von dem Bereich, der direkt vor einem steht.

Ein Gast sollte nicht zu schnell aufhören zu essen, denn dann beendet auch der Gastgeber aus Höflichkeit sein Mahl, selbst wenn er noch Hunger hat.

Bei uns galt die Regel, die ich vehement einforderte: Jeder isst das auf, was er sich selbst aufgefüllt hat. Ganz einfach weil es mir Unbehagen bereitet, Essen einfach wegzuwerfen. Nun las ich, warum Moaaz immer ein wenig auf dem Teller liegen ließ: In der arabischen Kultur gehört es zum guten Ton, etwas übrig zu lassen, damit klar ist, dass nicht zu wenig angeboten worden ist.

Wie viele Missverständnisse doch immer wieder in allen Bereichen des Zusammenlebens auftauchten! Aufklärung, Lernen und Anpassung auf beiden Seiten waren die Voraussetzung für ein Multikulti-Leben – nicht nur unter unserem Dach.

Weiter hieß es: »Verboten ist euch das Verendete sowie Blut und Schweinefleisch und das, worüber ein anderer als

Allahs Name angerufen wurde; das Erdrosselte, das zu Tode Geschlagene, das zu Tode Gestürzte oder Gestoßene und das, was Raubtiere angefressen haben, außer dem, was ihr geschlachtet habt.«

Alles in allem: Wer zu viel isst oder schlechte Nahrung zu sich nimmt, wird körperlich schwach und sowohl von seinem Lebensziel als auch von Gott abgelenkt.

Ich überlegte, dass wir Christen nahrungstechnisch oder als Einschränkungen eigentlich recht wenig mit auf den Weg bekamen. Ob vegan oder vegetarisch, pescetarisch oder fruktarisch: Menschen, die sich bei uns für besondere Ernährungsformen entscheiden, tun dies für die Gesundheit, aus ethischen oder moralischen Gründen, selten aber aufgrund ihres Glaubens.

Christen dürfen alles essen, was ihr Gewissen ihnen erlaubt, nur Kannibalismus ist ausdrücklich verboten. Und Alkohol ist kein Thema, beim Abendmahl sogar Teil des Gottesdienstes. Wie absurd musste es Moaaz vorkommen, dass wir Christen nicht nur im Brot den Leib Christi sehen, sondern diesen dann auch noch mit seinem Blut in Form von Rotwein hinunterspülen.

Der Koran verbietet es, Tiere zu essen, die sowohl auf dem Land als auch auf dem Wasser leben. Das sind zum Beispiel Krokodile, Schildkröten und Frösche. Als »haram«, also unerlaubt oder verboten, gelten zudem fleischfressende Tiere mit Fangzähnen, also Löwen, Wölfe, Bären oder Tiger, dazu Hunde und Affen. Dann werden noch Raubvögel wie Adler, Geier und Falken genannt sowie Landtiere ohne Ohren wie Schlangen. Ebenfalls nie auf den Teller dürfen Schädlinge wie Ratten, Tausendfüßler, Skorpione und Tiere, die generell als abstoßend empfunden werden. Dazu zählen Maden, Läuse und Fliegen.

Tausendfüßler und Tiger, Frösche und Insekten auf dem Speiseplan zu meiden stellte bei unserem Zusammenleben mit Moaaz keine große Herausforderung für mich dar. Blieb also die einzig zu beachtende Regel, Schweinefleisch und alles, was mit Blut oder aus Teilen vom Schwein zubereitet war, zu vermeiden.

Aber mich interessierte nicht nur, was erlaubt war, sondern vor allem, was Moaaz wirklich gern mochte. Ich wollte ihn etwas aufpäppeln, zumal er jetzt auch noch Sport trieb, hatte aber das Gefühl, dass Moaaz sich so unwohl bei uns am Tisch fühlte wie ich mich auf dem Fußboden in Katar. Und nicht nur unsere Esskultur war offensichtlich sehr unterschiedlich, sondern eben auch das, was auf den Tisch kam.

Moaaz' Leibgericht herauszufinden war keine einfache Aufgabe, denn er war bescheiden, bedankte sich höflich für jedes von mir zubereitete Essen und lobte es ausgiebig, selbst wenn er kaum etwas davon aß, was meinem fürsorglichen Mutterblick natürlich nicht entging.

Manchmal zelebrierten wir am Freitag oder Samstag unseren »Familien-Kinoabend«. Moaaz war immer dabei und genoss es sehr. Überhaupt liebten es die Jungs – bei all den sehr unterschiedlichen Interessen – am meisten, zusammen auf dem Sofa zu liegen und Filme zu gucken. Dazu bereitete ich jedes Mal große Teller mit Sandwiches und verschiedenen kalten Köstlichkeiten.

»Das finde ich schön«, sagte Moaaz, »es erinnert mich an zu Hause und an meine Mutter. Sie hat auch zu den Fernsehabenden immer kleine Leckereien zubereitet.« Hier griff er dann gern mehrfach zu. Und ich hatte auch mit Freude gesehen, dass Moaaz sich immer nachfüllte, wenn es mit Käse überbackenen Gemüseauflauf gab, und wusste, dass er – genau wie meine Kinder – unser Sonntagsfrühstück mit Rührei und Nordsee-Krabbensalat genoss. Mittlerweile stand auch Hummus, die leckere Kichererbsenpaste mit Sesam und Knoblauch, bei uns im Kühlschrank, und ich kochte Spaghetti bolognese nur noch mit Rinderhack, aber das war es auch schon mit der Halal-Kreativität.

»Was war dein Lieblingsgericht zu Hause? Was hat deine Mutter für dich gekocht?«, fragte ich ihn.

»Molokhia«, antwortete er, was mir nicht gerade viel sagte.

Sofort googelten wir gemeinsam und fanden die Erklärung: Mooskraut mit Huhn und Reis. Ich weiß nicht, wie es anderen Menschen geht, aber bis zu diesem Tag kannte ich kein Mooskraut und wusste auch keineswegs, ob überhaupt und, wenn ja, wo ich es herkriegen sollte. Abgesehen davon schien mir, dass Essen mit Huhn sehr beliebt war in der syrischen Küche. Und auch meine Jungs liebten Hähnchen. Vielleicht war es eine gute Idee, wenn Moaaz, auch ohne Mooskraut, ein Huhn-mit-Reis-Gericht für uns kochen würde, überlegte ich und fragte ihn: »Was hältst du von einem Rollentausch?« Diese Frage war zu einem Ritual geworden, wenn ich ihn bat, eine Aufgabe zu übernehmen, die typisch »Frauenarbeit« war. Und jedes Mal lachte er darüber. »Wie wäre es, wenn du am Wochenende einmal für uns kochen würdest?«

Er nickte und strahlte dabei über das ganze Gesicht.

»Was brauchst du zum Kochen?«, wollte ich von ihm wissen. Moaaz machte eine hilflose Geste. Arabische Nahrungsmittel und Gewürze gehörten nicht zu seinem englischen Grundwortschatz. Auch der Google-Übersetzer konnte diesmal nicht helfen. Aber zum Glück gab es einen türkischen Supermarkt ganz in unserer Nähe.

Diesmal war ich diejenige, die den Einkaufswagen schob und hinter Moaaz hereilte. Orientalische Musik begleitete unseren Weg durch den Markt. Ich fühlte mich wie auf einem Basar und etwas verloren. Alle Lebensmittel waren in türkischer oder arabischer Sprache ausgezeichnet. Deutsche Bezeichnungen gab es kaum. Zum Glück hatte ich Moaaz dabei, der sich freute, diesmal derjenige zu sein, der erklärte. »Was ist hier drin? Was steht da drauf? Wie kann man das verwenden?« Moaaz übersetzte und erläuterte, während er zielsicher durch die Gänge sauste.

»Wir brauchen Reis«, erklärte er. Naiv dachte ich, das wäre mit einem Handgriff erledigt. Auf mindestens zehn Metern wurden im Markt Bulgur und Reis angeboten. Und nicht in für mich haushaltsüblichen Mengen, sondern meist gleich in Fünf-Kilo-Säcken und in einer unüberschaubaren Auswahl, die mich total überforderte. Nicht aber Moaaz. »Moaaz' Gespür für Reis«, schoss es mir spontan durch den Kopf, als ich beobachtete, wie er fachmännisch das Angebot prüfte. Kaum zu glauben, dass er trotzdem nicht fündig wurde. Ausgerechnet die eine Sorte, die er suchte, war ausverkauft, und es dauerte eine ganze Weile, ihn zu überzeugen, dass vielleicht irgendeine der anderen hundert Sorten ersatzweise zu verwenden sei. Dazu kauften wir Berge frischer Petersilie, Zitronen, Knoblauch, verschiedene fremde Gewürze und Fleisch.

»HALAL« stand in großen Buchstaben über der Fleisch-theke. Während ich gewöhnlich die zu bekochenden Perso-nen abzählte und entsprechend einkaufte, bestellte Moaaz gleich ein Dutzend Hähnchenschenkel. Das erinnerte mich an die wagenradgroße Platte mit Reis und Huhn, die uns in Katar auf dem Fußboden serviert worden war. Vielleicht war es ja eine typisch deutsche Sitte, in Personen, Portionen und Tellergrößen zu denken. Die arabische Gastfreund-schaft erschien mir großzügiger. Für Moaaz waren nicht nur die deutschen Mengen ungewohnt, sondern auch die kurze Zeit, die ich normalerweise in der Küche verbrachte. Zwar wusste er, dass ich im Alltag Job und Haushalt, Kin-der und Küche unter einen Hut bringen musste, trotzdem merkte ich, wie befremdend es für ihn war, dass die meis-ten Mahlzeiten, die ich am Abend aus dem Ärmel zauberte, nach zwanzig Minuten auf dem Tisch standen. »In Syrien verbringen die Frauen mehr Zeit mit dem Kochen als du«, hatte Moaaz einmal gesagt. »Ich verstehe, dass du viel Arbeit hast, so allein mit den Jungs. Aber ich verstehe trotz-dem nicht, dass du so wenig Zeit in der Küche verbringst.«

Ich ahnte, dass es eine gute Idee wäre, die Zeiteinteilung für das Sonntagsessen anzusprechen. »Ich würde vorschla-gen, dass wir um halb sieben essen«, tastete ich mich vor-sichtig voran. Wann willst du anfangen zu kochen?«

»Das ist ein ganz einfaches Gericht und überhaupt kein Problem«, erklärte Moaaz. »Dafür brauche ich maximal zwei Stunden.«

Gegen fünf Uhr tauchte Moaaz in der Küche auf und machte sich ans Werk. Von Zeit zu Zeit schaute ich bei ihm vorbei. Es war eine Freude zu sehen, mit welcher Leidenschaft und Akribie er bei der Sache war. Inspiriert von Moaaz, holte ich meinen Rezeptordner aus dem Schrank. Die Idee, etwas Neues zu versuchen, auch einmal Unbekanntes auszuprobieren und meine Kinder mit einem fremdartigen Gericht zu erschrecken, begeisterte mich. Ich schlug meinen Ordner auf und fand eine Reihe von Gerichten, die ich aus Zeitschriften gerissen hatte. Die Überschriften glichen einander: »Schnelle Küche«, »Die Keine-Zeit-zum-Kochen-Küche«, »Die Turboküche«, »Blitzgerichte mit nur drei Zutaten«. Auch Gerichte unter zwanzig Minuten und sogar unter zehn Minuten Zubereitungszeit waren dabei. Ich sah vom Wohnzimmertisch in die offene Küche zu Moaaz. Er war ganz vertieft in seine Arbeit, wusch gerade einige Blätter Römersalat, trocknete sie sorgfältig und ordnete sie blütenförmig auf einer großen Platte an.

Nachdenklich klappte ich den Ordner zu. Für Moaaz war die Zubereitung einer schönen Mahlzeit für die Familie eine Zeremonie. Für mich hingegen war das tägliche Kochen oft nur eine Belastung. Eine Aufgabe, der ich ohne Leidenschaft nachging und die ich so schnell wie möglich erledigen wollte. Sicher hatte ich nicht jeden Tag Zeit, Servierplatten mit Salatblättern zu dekorieren, aber wenn ich von meinen Kindern mehr Wertschätzung für die täglichen Mahlzeiten erwartete, sollte ich vielleicht das Kochen nicht nur als mühsames Tagesgeschäft betrachten, sinnierte ich. Sehen, riechen, tasten, hören und schmecken, ganz bei mir und meinen Empfindungen sein beim Kochen. Gerade neulich hatte ich in einem Artikel gelesen, dass Kochen mit Konzentration und Achtsamkeit wie eine kleine Meditation wirke. Während ich Moaaz beobachtete, verstand ich das.

Moaaz war allerdings so sehr in seine Arbeit versunken, dass er jegliches Zeitgefühl zu verlieren schien.

»Maybe I need a few minutes more«, sagte er um kurz nach sechs. »Die Hähnchen brauchen noch ein wenig«, vertröstete er uns um halb sieben. »Gleich fertig«, hieß es eine Stunde später.

Und als Johann schon im Pyjama war, ging es endlich los. Moaaz servierte uns stolz das Essen: knusprige Hähnchenkeulen, orientalischer Reis und dazu wunderschön angerichteten Petersiliensalat. Den Jungs gingen die Augen über, als Moaaz das verführerisch duftende Essen auftischte. Es roch nicht nur wundervoll und war ein kleines Kunstwerk, sondern schmeckte auch köstlich. Die Jungs vertilgten Berge und hörten gar nicht mehr auf, den strahlenden Moaaz für das Essen zu loben.

Von wegen nicht aufgeschlossen für Neues …

Ich nahm mir fest vor, künftig eine neue Kochkultur ins Leben zu rufen und alle 15-Minuten-Schnellgerichte zu verbannen. Zumindest am Wochenende, wenn Moaaz nicht sein Hähnchengericht zubereitete, das von diesem Tag an fest in den Speiseplan integriert wurde.

Johann hatte zu seiner großen Enttäuschung leider recht behalten. Keiner hatte ihm geglaubt, dass es bei uns zum Frühstück Wodka gegeben hatte. Genauso wenig wie die Woche zuvor, als er erzählt hatte, dass seine großen Brüder manchmal heimlich Drogen rauchten. In ihren Zimmern.

* * *

Und hier die Rezepte für alle, die unser Lieblingsessen nachkochen möchten.

Vorspeise

Tabouleh

Zutaten für 4 Personen – »Am besten alles aus einem türkischen Laden«, empfiehlt Moaaz.

1 EL Bulgur
2 Bund glatte Petersilie
2 große Tomaten
1 Kopf Salat
1 große Zitrone
4 EL Olivenöl
Salz, schwarzer Pfeffer

Zubereitung

Bulgur 20 Minuten in Wasser einweichen. In der Zwischenzeit die Petersilie sehr fein hacken. Tomaten waschen, in kleine Stücke schneiden und abtropfen lassen. Salatblätter waschen und klein schneiden. Einige Salatblätter für die Dekoration beiseitelegen. Die Zitrone auspressen.

Salat, Petersilie und Tomaten in einer Schüssel vermengen, Zitronensaft und Olivenöl dazugeben, Bulgur abgießen und über den Salat streuen. Mit Pfeffer und Salz abschmecken. Alles gut durchrühren.

Salatblätter auf einer Platte dekorativ auslegen und den Salat darauf anrichten.

Unser Lieblings-Hauptgericht

Kabsi – Reis mit Huhn

Zutaten für 4 Personen

   4 Hähnchenkeulen
   4 Lorbeerblätter
   1 große Zwiebel
   1 EL Sonnenblumenöl
   1 Tomate | 2 EL Rosinen
   1 EL Kabsigewürz (türkischer Supermarkt)
   3 Tassen Basmatireis
   1 EL Butter
   1 EL geschälte Mandeln
   Salz, schwarzer Pfeffer

Zubereitung

Hähnchenkeulen in einen Topf geben und mit Wasser bedecken. Lorbeerblätter hinzugeben und 25 Minuten kochen. Zwiebel hacken, mit etwas Öl in einem Topf leicht anschwitzen. Tomate klein schneiden und mit den Rosinen dazugeben, 5 Minuten ziehen lassen, 1 Tasse Wasser hinzufügen. Kabsigewürz, Rosinen und Reis dazutun und alles verrühren. Mit 5 Tassen Wasser (am besten vom Hähnchenwasser) auffüllen. Bei geschlossenem Deckel 15 Minuten kochen.

Hähnchen abgießen, trocknen, mit Butter bestreichen und 10 Minuten im Backofen bei 180 Grad bräunen. Mandeln in einer beschichteten Pfanne rösten.

Reis auf einer Platte anrichten, die Hähnchenkeulen darauf verteilen und die gerösteten Mandeln darüberstreuen.

15

Moaaz erobert die Herzen, zuerst die der Nachbarn

*»Es braucht ein ganzes Dorf, um ein Kind
großzuziehen«, so heißt es in einem afrikanischen
Sprichwort. Auch Moaaz braucht mehr Menschen
als uns, die ihn unterstützen in seinem neuen Leben.
Und die finden sich im Nu. Liebenswürdig erobert
er die Herzen seiner Helfer.*

»Das ist ungerecht!«, empörte sich Johann mal wieder. »Andere Kinder haben viel nettere Mütter und dürfen viel mehr als ich. Andere Kinder bekommen tollere Geschenke, sie dürfen länger an der Xbox spielen, können jeden Tag fernsehen, länger aufbleiben und haben überhaupt Mütter, die nicht immer so streng und fies sind wie du!«

Ich glaube, Meckern gehört irgendwie zum Geschäft. »Auf der anderen Seite des Zauns ist das Gras immer viel grüner«, lautet ein altes Sprichwort. Und das gilt natürlich nicht nur für Mütter. Der Mann der Nachbarin ist viel verständnisvoller, der Job der Freundin ist interessanter, das Essen auf dem Nachbartisch leckerer. Diese Wahrnehmung hängt mit der Funktionsweise unseres Gehirns zusammen. Alles, was wir wiederholt erlebt haben, erscheint uns alltäglich und normal. Um Energie zu sparen, merkt sich das

Gehirn nur wichtige Sachen. Was wichtig ist, entscheidet es selbst. Deshalb kann auch Johann überhaupt nix dafür, dass sein Hirn Xbox, Fernsehen und nettere Mütter deutlicher wahrnimmt als die eigene, die täglich im Haus rumwuselt und eigentlich zur Einrichtung gehört.

Aber Hirnfunktion und differenzierte Wahrnehmung zu erklären schien mir zu kompliziert für einen Neunjährigen.

»Das Leben ist eben einfach nicht gerecht!«, stimmte ich ihm deshalb zu. »Manche Menschen haben ein größeres Haus, ein tolleres Auto und eben auch weniger fiese Mütter. Weil man sich im Leben leider nicht alles aussuchen kann. Und deshalb haben manche Kinder auch mehr Glück mit ihrer Mutter und andere eben weniger. Du gehörst dummerweise zu denen, die Pech haben.«

»Das kann man wohl sagen!«, schnaubte mein Jüngster.

»Möchtest du vielleicht tauschen und lieber bei Susanne, Anna, Jessica oder Margot wohnen?«, fragte ich ihn.

Er runzelte die Stirn und sah aus, als ginge er gerade die Mütter seiner Freunde und deren Qualitäten durch.

Mütter sind Glückssache – Ziehmütter auch. Oft konnte ich mir nicht so viel Zeit für Moaaz nehmen, wie ich es gern getan hätte. Deshalb braucht es ja auch »ein ganzes Dorf, um ein Kind großzuziehen«, wie es in einem afrikanischen Sprichwort heißt. Auch Moaaz brauchte mehr Menschen als uns, um sich einzuleben und zurechtzukommen in Deutschland und seinem neuen Leben.

Tausende Freiwillige, Willkommensdinner, Theaterprojekte, Sprachkurse, Kleidersammlungen, Gesprächsgruppen – natürlich wusste ich, dass es in Hamburg, wie überall in Deutschland, Hunderte verschiedene Flüchtlingsinitiativen gab, in denen sich Ehrenamtliche engagierten. Aber so wie die Millionen syrischer Flüchtlinge und ihre Schicksale erst durch Moaaz ein Gesicht für mich bekamen, erlebte ich nun auch hautnah die Hilfsbereitschaft rund um unser Reihenhaus und in der Stadt.

Wir wohnen in einer recht bürgerlichen Reihenhaussiedlung – so kann man es wohl sagen. Zusammen mit älteren und jüngeren Menschen und vor allem: vielen Familien. Auf der Straße parken Kombis und Geländewagen, die Kinder besuchen eine »ordentliche« Schule, spielen Hockey, Tennis und Instrumente. Es gibt Au-pair-Mädchen und Austauschschüler. Und seit Neuestem – in der vierten Reihe im vorletzten Haus – einen Flüchtling. Mit vielen Nachbarn bin ich eng befreundet, und kaum war Moaaz eingezogen, boten sie ihre Unterstützung an, fragten, ob es an Winterkleidung fehle, und standen kurz darauf mit Taschen voller Daunenjacken, Winterschuhen und Pullovern vor der Tür.

»Guten Tag. Ich bin Moaaz. Moaaz aus Damaskus«, begrüßte er meine Freundinnen jedes Mal, wenn eine von ihnen vor der Tür stand oder ihm draußen begegnete. Viel mehr Konversation gab es vorerst nicht. Und es waren nicht nur die Sprachschwierigkeiten, die die Unterhaltungen so begrenzten. »Anfangs war ich schon unsicher und fühlte mich unbeholfen«, erzählte zum Beispiel meine Freundin Isabelle. »Wie spricht man jemanden an, der so viel durchgemacht hat? Welche Fragen stellt man und welche besser nicht, weil sie ihm vielleicht zu nah gehen oder zu neugierig wirken?«

Ähnliches verrieten mir auch die anderen. Anfangs waren

alle etwas befangen im Umgang miteinander. Auch Moaaz lief schüchtern an den Nachbarhäusern vorbei, ohne nach links und rechts zu blicken. Ein paar Wochen später beobachtete ich schon, wie er im Vorbeigehen in die Fenster schaute und sogar winkte.

»Moaaz' Anwesenheit in der Siedlung wurde schnell völlig normal für mich«, erzählte Isabelle weiter. »Und auch die Gespräche auf der Straße: ›Viel Spaß mit Carlo! Gehst du wieder zum Sport? Was macht die Schule?‹ – Nachbarschafts-Small-Talk eben. Und rückblickend finde ich meine Unsicherheit eher interessant. Ich frage ja auch sonst keine neuen Nachbarn nach ihrem Leben in der Heimat aus, nach traumatischen Kindheitserlebnissen oder so«, fügte sie lachend hinzu.

Immer wieder die Erfahrungen runterbrechen aufs Normale. Sie machte es wie ich!

Was sie dann mit mir teilte, freute mich besonders: »Über die Wochen und Monate haben wir erlebt, dass Moaaz einfach so mitläuft in der Familie Friedlaender. Ohne den Anspruch ›Wir machen perfekte Integration oder präsentieren euch, wie man es richtig macht‹. Eher nach der Idee ›Mut zur Lücke‹. Es war entlastend zu sehen, dass überhaupt nicht immer alles rundlief. Mir machte es Mut zu überlegen, ob wir das auf diese Art nicht auch in unserer Familie leisten könnten.«

Ein Highlight für meine Nachbarinnen war der Abend, als Moaaz für alle kochte. Wir Freundinnen trafen uns regelmäßig zu einem »Pasta-Pasta-Abend«. Den Namen hatten wir mal spontan erfunden. Die Idee dabei war ursprünglich, dass es eben nur einen Teller Nudeln gab. Aber dann organisierten wir es auf andere Art. Weil wir eben alle so beschäftigt waren mit Job und Kindern, teilten wir uns jedes Mal die Aufgaben. Eine Nachbarin lud zu sich ein und deckte den Tisch, eine andere bereitete die Vorspeise zu, die nächste war für die Hauptspeise zuständig, eine für den Nachtisch, und der Rest kümmerte sich um Getränke. So war es auch zu besagtem Kofferraumeinkauf gekommen, der Moaaz in Sorge versetzt hatte, was meinen Alkoholkonsum anging …

Ausgerechnet an dem Tag, an dem ich für die Hauptspeise verantwortlich war, ging wieder mal alles drunter und drüber bei mir, und ich fragte Moaaz, ob er meine Rettung sein könnte, ob er Lust hätte, für uns alle mein Lieblingsgericht zu kochen.

»Of course!«, antwortete er wie immer, verbrachte den Nachmittag statt meiner in der Küche und servierte meinen staunenden Freundinnen im Nachbarhaus das wieder einmal wunderhübsch angerichtete und köstlich duftende Hähnchen.

»Erst kam es mir komisch vor damals. Ich dachte kurz: Das geht doch nicht, dass Moaaz für uns kocht. Wir müssen doch ihn verwöhnen!«, erzählte Isabelle später. »Heute denke ich: Was für ein Quatsch, immer ›der arme traumatisierte Flüchtling‹ zu denken. Jeder hat seine Aufgaben im Alltag. Und darum ist es eben auch völlig normal, seiner Ziehmutter zu helfen.«

Nicht nur meine Freunde und Nachbarn nahmen Anteil an Moaaz. Ich war überwältigt von dem Entgegenkommen, das wir überall erlebten. Beim Schlittschuhlaufen verlangte die Frau an der Kasse keinen Eintritt. Auch meine Hausärztin nahm sich trotz vollem Wartezimmer viel Zeit und führte eine Reihe von Untersuchungen an ihm durch, die weit über die Kassenleistungen hinausgingen. Anschließend riet sie Moaaz zu einer intensiven Vitaminkur. Als ich mich vorsichtig nach den Kosten hierfür erkundigte, antwortete sie nur: »Sie haben ihn aufgenommen, ich übernehme gerne die Gesundheitsversorgung.«

Oft teilten Freunde mir ihre Gedanken mit: »Es macht uns irgendwie ein schlechtes Gewissen, dass wir niemanden aufnehmen. Wenn du es kannst, warum fällt es uns so schwer? Unser Haus ist doch genauso groß. Wir haben sogar ein Kind weniger und ein Zimmer mehr, und trotzdem tun wir uns schwer mit dem Gedanken.«

Moaaz aufzunehmen war eine spontane Herzensentscheidung gewesen. Und die hatte ich nicht gefällt, um mich aufstellen zu lassen für das Casting »Deutschland sucht den Gutmenschen des Jahres«. Mir war völlig klar, dass es nicht in jede Familie und jede Situation passte, einen fremden Menschen aufzunehmen. Ich stellte fest: Wenn jeder nach seinen Möglichkeiten und Fähigkeiten hilft, klappt es ganz gut mit dem Zusammenleben.

Regelmäßig klingele ich bei meinen Nachbarn: weil ich wieder mal über der Schreiberei vergessen habe, einkaufen zu gehen, und die notwendigsten Grundnahrungsmittel uns fehlen; weil ich Hilfe beim Montieren einer Lampe brauche, Hilfe wegen der streikenden Geschirrspülmaschine, beim Heckenschneiden, der Steuererklärung, Familienproblemen. Und immer sind Freunde da, die sich einbringen.

Und so funktionierte es eben auch mit Moaaz. Jeder tat, was er konnte. Und wenn ich Moaaz winkend an den Häusern meiner Nachbarn vorbeigehen sah, hatte ich das Gefühl, dass die freundschaftliche, zugewandte und hilfsbereite Stimmung in unserer kleinen Siedlung ihn auch ein wenig an das Leben zu Hause und die Gemeinschaft in der Großfamilie erinnerte. Und mit seiner liebenswürdigen Art eroberte er schnell die Herzen.

16

Pauken, Popcorn und Projekte

»Nicht für die Schule, sondern fürs Leben
(in Deutschland) lernen wir«: Wie Heidemarie und
Ayse das Moaaz-Unterstützungsteam bereichern, und
was Popcorn mit Integration zu tun hat.

Eines der Helfer-Herzen gehörte Heidemarie Schoffer. Während der Wochen in der Stadtteilschule Bugenhagen lernte Moaaz die pensionierte Lehrerin kennen, die jahrelang Deutsch als Fremdsprache unterrichtet hatte und prädestiniert dafür war, den jungen Menschen rund um die Gemeinde Blankenese die Sprache ihrer neuen Heimat zu vermitteln. Diese Aufgabe übernahm sie mit enormer Leidenschaft. Schon bald merkte sie, dass es mit ein paar Stunden Unterricht nicht getan war, um die Fortschritte zu gewährleisten, die Voraussetzung zur Integration, für Ausbildung und Studium waren. Sie gab eine Annonce auf, fand fünfundzwanzig ehrenamtliche Helferinnen und gründete die »Lernwerkstatt«. Von da an wurden die Schüler nicht nur eins zu eins unterrichtet, sondern erhielten auch Unterstützung in allen Lebensbereichen. Moaaz zum Beispiel, als er eine neue Brille brauchte. Eine einzige Rundmail mit einem Spendenaufruf reichte gleich für zwei Brillen. Schwieriger gestaltete sich das anschließende Aussuchen mit Moaaz beim Optiker. Er war kein einfacher Kunde. Das eine Gestell war zu groß, das andere zu rund, das dritte zu eckig. Es war nicht so einfach, ihn zu überzeugen, wie gut ihm verschiedene Modelle standen. Mehrere Tage und der Besuch verschiedener Optiker waren nötig, bis er sich endlich zu einem Modell überreden ließ. Manch einer hätte den Brillenaufwand sicher für übertrieben gehalten, so nach dem Motto: Er kann doch froh sein, überhaupt eine Brille zu bekommen. Aber ich kannte Moaaz inzwischen so gut und ahnte, dass etwas ganz anderes dahinterstand. Moaaz war nicht nur schüchtern, sondern hatte auch viele Selbstzweifel. Egal was für schöne Fotos ich von ihm und den Kindern machte: Er mochte sich nie darauf leiden. Egal wie häufig ich ihm sagte, dass er gut aussähe – sein Gesicht gefiel ihm nicht. Und so gab es natürlich auch keine passende Brille.

Einmal im Monat veranstaltete Heidemarie Schoffer ein Gruppentreffen für Lehrerinnen und Schüler des Deutschkurses. »Die Schüler müssen dabei jedes Mal eine kleine Präsentation vortragen«, erzählte mir die Lehrerin. »Anfangs übten sie einfach die Begrüßung: ›Guten Tag, meine Damen und Herren.‹ Die größte Herausforderung bei diesem Satz war, den jungen Männern beizubringen, dass bei uns die Damen zuerst genannt werden.« Heidemarie Schoffer lachte, wie immer, wenn sie Anekdoten aus dem Unterricht zum Besten gab. Dann verriet sie mir ihre Lieblingsgeschichte.

»Einmal hatte ich Moaaz und seinen Freund Hussein zum Kaffeetrinken bei mir eingeladen. ›Meldet euch, wenn ihr an der Bushaltestelle angekommen seid‹, hatte ich den beiden gesagt. ›Dann hole ich euch ab.‹ Zu meinem Erstaunen klingelte mein Handy dann auf die Minute genau zur verabredeten Zeit: um fünf Uhr. ›Großartig! Wie habt ihr das so pünktlich geschafft?‹, lobte ich die beiden. ›Wir sind um zwei Uhr zu Hause losgegangen‹, war Moaaz' Antwort. Die beiden hatten nicht einschätzen können, wie lange sie in der fremden Stadt für den Weg brauchen würden, und hatten sich vorsichtshalber drei Stunden Zeit genommen für den 40-minütigen Weg. Sie wollten auf keinen Fall zu spät kommen. Heute ist Moaaz mein pünktlichster und zuverlässigster Schüler. Das öffnet ihm viele Türen.«

Ich musste lachen, als mir Heidemarie Schoffer diese Geschichte erzählte. Aber vor allem war ich stolz auf Moaaz. Obwohl es ihm nicht immer leichtfiel, hatte er sich viel Mühe gemacht, um mit deutscher Pünktlichkeit die Einladung wertzuschätzen und seiner Lehrerin eine Freude zu machen. Und das war ihm geglückt.

Mittlerweile hat Moaaz die Prüfung für Deutsch in der Kompetenzstufe B1 abgelegt. Letztens beim Gruppenabend schrieb er ans Flipchart:

Mir fehlen für meine neue Wohnung: Bügeleisen, Kuchenplatte, Fernseher, Bettdecke, Waschmaschine.

Am nächsten Tag schon hatte ich das Bügeleisen im Kofferraum. Kurze Zeit später ging die Anfrage einer anderen ehrenamtlichen Lernbegleiterin über den Verteiler: Wie groß soll die Bettdecke sein? Passt für das Kopfkissen die Größe 80 × 80?

Neben den Sachspenden ist es aber immer wieder Zeit,

die großzügig verschenkt wird, wie von den inzwischen dreißig Lernbegleiterinnen. Und nicht nur von ihnen. In den Monaten nach der Ankunft der Flüchtlinge gründeten die unterschiedlichsten Menschen Initiativen: Lernen mit Flüchtlingen, Behördengänge, Hausaufgabenbetreuung, Law Clinics zur Betreuung bei rechtlichen Fragen, Apps, Fahrradfahren, Wandern, Schwimmen, gemeinsam Kochen, Teestuben und Begegnungs-Cafés, Schreiben, Übersetzen, Fotografieren, Handwerken, Nähen, Stricken mit und für Flüchtlinge und, und, und… Manchmal denke ich: Schön, dass ihr Flüchtlinge gekommen seid, Geben tut uns gut.

»Ich freue mich, weil du immer neben mir bist«, schrieb Moaaz seiner Lehrerin neulich. Vollkommen fehlerfrei. Die Beziehung zu Heidemarie Schoffer wird die Deutschkurse weit überdauern.

Ich machte mir oft Gedanken darum, dass Moaaz zu viel grübelte, und so hielt ich immer Augen und Ohren offen auf der Suche nach Ablenkung oder Unternehmungen, die sich für ihn boten. Dabei kam mir oft auch der Zufall zu Hilfe. Bei einem Spaziergang erzählte meine Freundin Ayse mir von einem tollen Projekt, für das sie sich engagierte: »The Moving Movie« – Popcorn und lustige Filme für die Kinder in den Erstaufnahmeeinrichtungen. Die Idee stammte von ihrer Freundin Nelli, die sich davor in der Kinderbetreuung in den Messehallen engagiert hatte. Ayse war die »Popcorn-Beauftragte« des Projekts und sofort bereit, Moaaz mit ins Boot zu holen. Sie sammelte im Stadtteil und Freundeskreis Geld, kaufte davon Unmengen von Popcorn und füllte dieses in ihrer Küche in Portionsschachteln um – mithilfe ihrer Tochter und Moaaz'. An den Samstagen fuhren sie dann mit ihrem »Kino-Mobil« von einer Einrichtung zur nächsten. Moaaz half beim Aufbau der Technik, verteilte Süßigkeiten und Getränke. Er sprach mit Müttern und Kindern aus Afghanistan, Syrien, dem Irak und Iran. Mal Arabisch, mal Englisch, mal mit Händen und Füßen. Moaaz wirkte auf mich sonst eher schüchtern und zurückhaltend, aber an den Kinonachmittagen war er immer total in Aktion, ging aus sich heraus und lachte viel. Das Flüchtlingskino bot eine ganz besondere Abwechslung für Moaaz, und es tat gut, das zu beobachten.

17

Die gute Fee

*Kunsttherapeutin Marion ist nicht nur ein Segen
für unsere Familie und Moaaz, sondern auch für
viele andere Flüchtlinge.*

Zu den engsten Bezugspersonen von Moaaz gehörte von
Anfang an meine Freundin Marion. Ich bin nicht nur sehr
dankbar, dass wir Moaaz durch sie kennengelernt haben,
sondern bewundere auch ihr Engagement und ihr Know-
how als Therapeutin. Mit bunten Farben Bilder malen, mit
Stoffen und Wolle Objekte gestalten. Als Kunsttherapeutin hat Marion immer tausend Ideen für kreative Projekte,
um mit Kunst Freude zu bereiten. Im vertrauten Rahmen
tauchen die geflüchteten Kinder, Frauen und Mütter jede
Woche ein in eine andere Welt. Mit Empathie und viel Geduld gelingt es ihr, Vertrauen zu gewinnen. Marion bringt
mit ihrem Angebot etwas Farbe in den grauen Flüchtlings-
alltag.

Eines Abends erzählte sie mir: »Es ist ganz wunderbar
zu erleben, wie die Kinder in der Gruppe Spaß haben und
mit Energie bei der Sache sind. Dabei beobachte ich immer wieder, wie das mangelnde Selbstwertgefühl Stück für
Stück wächst.« Dann berichtete sie von einem Erlebnis, das
sie sehr berührt hatte: »Einmal merkte ich, dass es einem

kleinen Jungen sehr am Herzen lag, mir vom Krieg in der Heimat zu erzählen. Der Junge sprach kaum Deutsch, und selbst wenn, hätten Worte vermutlich nicht gereicht. Ich gab ihm Buntstifte und ein Blatt Papier. Er wählte einen schwarzen Stift und malte bis ins kleinste Detail eine Kriegsszene, die er in Syrien von seinem Kinderzimmer aus beobachtet hatte. Immer wieder schaute er mich an, um sich zu vergewissern, dass ich auch alles verstehe. Kaum war die Bildergeschichte fertig, stand er auf, ließ das Bild auf dem Tisch liegen und sagte mit einem fröhlichen Lächeln: ›Tschüss!‹ Durch das Malen war es dem Jungen unbewusst gelungen, einen Teil der schweren Last zurückzulassen. Die vielen blutigen Verletzungen, die er zeigen wollte, hatte er im Bild schwarz und nicht rot gemalt, vielleicht um die Erinnerungen im Zaum zu behalten.«

Für die Frauen erarbeitet Marion mit ihrem Team auch das Konzept »Deutsche Sprache im Zusammenhang mit Kunst«. Es geht dabei um Themen wie »Mein Körper«, »Meine Familie«, »Essen und Kochen«. Deutsch zu erlernen ist die Basis, ist immens wichtig für die Integration und gehört zu diesem Projekt dazu. Aber neben kulturellem Austausch gibt es hier vor allem auch ein offenes Ohr für Sorgen und Probleme.

Oft ist die Verständigung nur mit Händen und Füßen möglich. Und zwischen Nagellack und Leinwänden gibt es auch immer wieder viel zu lachen.

Bei einer anderen Gelegenheit erzählte Marion mir von einer Frau, die ihr Angebot lange nicht annehmen konnte: »Immer wenn ich montags vorbeikam, an ihre Tür klopfte und sie einlud, bei unserer Frauengruppe mitzumachen, saß sie im Container und hatte die Rollläden runtergelassen. Sie entschuldigte sich mit Kopfschmerzen und sagte höflich, dass sie beim nächsten Mal vielleicht dabei sein würde. Ich hatte schon fast die Hoffnung aufgegeben, dass sie jemals den Container verlässt, als sie letzte Woche plötzlich auftauchte. Das war für mich wieder einer dieser ganz besonderen Momente. Nicht immer sind Traumatisierte in der Lage, jedes gut gemeinte Angebot anzunehmen. Jeder Mensch hat sein eigenes Tempo und seine eigene Art, mit dem Erlebten umzugehen und sich auf Neues einzulassen. Ich habe das Gefühl, dass viele Menschen sich persönlich gekränkt fühlen, wenn ihr Hilfsangebot nicht sofort angenommen wird.«

Ähnliches hatte ich auch schon vorher von anderen Ehrenamtlichen gehört. Viele hatten sich zunächst voller Enthusiasmus in Projekte gestürzt, gaben aber nach einiger Zeit frustriert auf: weil nur ein junger Mann regelmäßig zum Sprachlernangebot erschien, weil nur eine Handvoll Gäste die liebevoll arrangierte Teestube besuchte oder Termine von den Flüchtlingen verschlafen wurden. Ich war und bin froh, dass Marion für Moaaz sozusagen die Rolle der Patentante übernommen hat. Durch ihre Erfahrungen mit ihrem syrischen Ziehsohn Hussein ist sie noch heute meine beste Ansprechpartnerin für alle Themen rund ums »Multikulti-Leben«. Ich schätze den Austausch und ihren Rat.

Marion lud Moaaz regelmäßig ein und tut es auch jetzt noch. Beim Nachmittagstee sprechen sie über seine Alltagssorgen und Probleme, seine Gedanken, die Dinge seines Lebens. Worum genau es bei diesen Gesprächen geht, bleibt ihr Geheimnis. Aber Marion ist nicht nur die »Sorgentante«, sondern unternimmt auch viel gemeinsam mit Hussein und Moaaz.

Einmal machte sie mit ihnen und ihrer Familie Landurlaub am Schaalsee. Dort kochte Marion Marmelade mit den Jungs, bastelte Windlichter und ruderte mit ihnen auf den See hinaus. Ferien in der Natur, Zeit für Erholung und Vergangenheitsverarbeitung abseits von laufenden Asylverfahren und Alltagssorgen.

Während Husseins und Moaaz' erstem Jahr in Deutschland lud Marion die beiden zu sich ein und feierte mit ihnen ein böllerfreies Silvester. »Noch vor Kurzem hätte ich nie gedacht, dass ich eines Tages mit zwei jungen Syrern auf dem Sofa sitzen würde, um mit Papphütchen, Pfefferminztee, Berlinern, Bleigießen und Knallbonbons Silvester zu feiern. Irgendwie eine total skurrile Szene«, erzählte sie mir lachend. »Erst dachte ich, dass Knallen und Kanonenschläge bestimmt nichts für die beiden sind. Aber dann bekamen sie doch Lust zu gucken, wie hier in Hamburg gefeiert wird. Wir fuhren einfach los und erlebten auf der Fahrt über die Köhlbrandbrücke ein grandioses Feuerwerk. Bei allem, was ich mit den Jungs unternehme, liegt es mir immer sehr am Herzen, den jungen Menschen unsere Kultur zu vermitteln. Ich denke, gemeinsam Feste und Traditionen zu feiern und zu erleben ist für mich ein wichtiger Teil der Integration.«

An einem Abend, nachdem Hussein ausgezogen war, trafen wir uns zu dritt auf einen Tee bei Marion. »Wie waren diese besonderen Monate mit Hussein für dich?«, fragte ich meine Freundin nach ihren Erfahrungen.

Sie sah Hussein liebevoll an. »Wunderbar und sehr emotional«, antwortete sie bewegt. »Natürlich mag die ganze Familie Hussein, aber wir beide hatten von Anfang an irgendwie eine besondere Verbindung.«

Das war auch mein Eindruck gewesen. Ich hatte Marion in den vergangenen Monaten kaum einmal ohne den jungen Mann an ihrer Seite getroffen. Mir schienen die beiden fast unzertrennlich.

»Außerdem verbindet uns die Kunst«, fuhr Marion fort. »Hussein spielt Klavier und Gitarre, malt und ist sehr kreativ. Er kann sich genauso leidenschaftlich wie ich für immer neue Ideen und Kunstprojekte begeistern. Meine Familie war und ist mit meinen Einfällen und Plänen manchmal überfordert.« Sie lachte. »Wir haben uns gegenseitig inspiriert.«

»Aber wir haben auch über unsere unterschiedlichen Vorstellungen von Kunst gestritten«, fiel Hussein ihr lachend ins Wort. Dann erzählte er: »Ich war natürlich glücklich, dass Marion mir anbot, bei ihnen zu leben. Das war eine große Hilfe im neuen Land. Plötzlich aber war es ganz anders als erwartet. Es wurde sehr schnell sehr emotional. Für mich war es gar nicht mehr so wichtig, welche Unterstützung ich bekommen würde, viel wichtiger war das wunderbare Gefühl, von Herzen gemocht zu werden. Ich hatte von Anfang an gespürt, dass unsere Freundschaft nicht mit dem Auszug enden würde, sondern ein Leben lang halten wird.«

Ich fragte mich in den Wochen darauf häufig, wie es Marion wohl gehen würde ohne Hussein.

Marions vierundachtzigjährige Schwiegermutter Janna erzählte mir: »Die Begegnung mit den beiden jungen Männern, mit Hussein und Moaaz, hat meine Scheu abgebaut. Ich habe durch sie ein ganz anderes Verständnis für die Flüchtlingsproblematik entwickelt. Eine absolute Bereicherung in meinem Leben. Mit den jungen Männern habe ich mich viel unterhalten, und manchmal haben wir Rummikub zusammen gespielt. Einmal kam auch eine etwas ältere Freundin von mir dazu. Wir hatten so viel Spaß, dass die beiden uns später auch noch einmal zum Spielen in ihre neue Wohnung einluden. Dort haben wir alle zusammen Scharade gespielt. Moaaz liebte das Pantomime-Spiel. Es war ein ganz vergnügter und auch etwas verrückter Nachmittag. Ein anderes Mal haben Moaaz und Hussein in meinem Haus für mich gekocht. Sie haben sorgfältig und liebevoll den Tisch gedeckt, und es gab verschiedene Köstlichkeiten. In Erinnerung blieben mir vor allem die getrockneten Malvenblätter. Sie wurden stundenlang eingeweicht und dann mit Zwiebeln und anderen Gewürzen gekocht. Ein sehr spezieller Geschmack für mich.« Eine Weile verlor sie sich in Erinnerungen, dann sagte sie: »Ich mag Moaaz' freundliche und offene Art und bin immer neugierig, mit welchen Zukunftsplänen er wohl beim nächsten Mal bei mir vorbeikommt. Und ich bin ganz gespannt, was er später davon umsetzen wird.«

Diese Neugier teilte ich allerdings mit ihr!

18

Oma meets Orient

Großmutter und der junge Mann aus dem Morgenland:
Polittalk und Lebensweisheiten – die Seniorenresidenz
wird zur unkonventionell-fröhlichen Fortbildungsstätte.

Auch Großmutter gehört zu den Menschen, die nach wie
vor sehr interessiert Anteil an Moaaz' Leben nehmen. Jeden
Samstag besucht er meine Mutter in ihrer Wohnung in der
Seniorenresidenz. Mal gehen sie spazieren, mal trinken sie
gemeinsam Tee, und dabei wird geredet. Sehr viel geredet.
Aufhänger für die Treffen war zunächst zusätzlicher Sprachunterricht. Eine wertvolle Extraeinheit Deutsch. Besonders
am Herzen lagen Großmutter höfliche Umgangsformen.
Sie wählte eine Situation aus dem Leben, und diese übten
die beiden im Rollenspiel. Am Telefon, im Supermarkt, im
Restaurant. Und nach der Unterrichtseinheit wurde noch
ein wenig privat geplaudert. Wenn ich fragte, worüber sie
am liebsten sprachen, bekam ich sehr unterschiedliche Informationen.

»Er erzählt mir so viel aus seinem Leben«, berichtete
meine Mutter.

»Sie erzählt mir so viel aus ihrem Leben«, tat Moaaz
kund. Ich war geneigt, Letzteres zu glauben. Und ich wäre
zu gern einmal Mäuschen gewesen, wenn die beiden sich

stundenlang über ihre unterschiedlichen Leben unterhielten, über Kultur und Politik und natürlich immer wieder über Angela Merkel und darüber, wie sehr meine Mutter ihre Flüchtlingspolitik schätzte.

Meine Mutter hatte die Zeit, die mir oft fehlte, und Moaaz genoss die Treffen.

Das erinnerte mich an die Zeit vor etwas über zehn Jahren, als Jonah und Justus ihre Großmutter in den Ferien regelmäßig in ihrer Wohnung in Travemünde besuchten. Sie verbrachten den halben Tag auf dem Minigolfplatz, spielten acht Stunden am Stück Canasta, ernährten sich ausschließlich von Tee und Käsebrötchen, um das Spiel nicht unterbrechen zu müssen, und genossen in vollen Zügen das Marathon-Chillen, für das bei uns wochentags keine Zeit war.

»Ich mag gern alten Menschen zuhören. Sie wissen viel mehr als ich. Ich kann viel von ihnen lernen und von ihren Geschichten und Erfahrungen«, erklärte Moaaz mir einmal. Ich musste grinsen. Ich kannte Großmutters Geschichten und war sicher, dass mein Ziehsohn ganz besondere Dinge lernte. Etwa, dass der wahre Charakter eines Menschen nur beim Kartenspiel zu erkennen sei, dass es einen riesigen Unterschied zwischen kalendarischem und biologischem Alter gebe, was man ja, wie wir alle wüssten, am allerbesten bei ihr sehen könne, dass Frauen sich besser einen jüngeren Mann suchen sollten, weil Männer viel schneller alterten als Frauen, dass die ausnahmslose Wahrheit über alles, was in der Welt passiert, nur in der FAZ zu finden sei. Und auch, dass man morgens mit Öl gurgeln solle, um Krankheiten aller Art zu verhindern, wie lange

Tee ziehen müsse und wie er zu trinken sei und dass sie zu den wenigen Menschen auf der Welt gehöre, die die richtige Zubereitung überhaupt beherrschten. Er würde sicher auch noch erfahren, dass Kohlblätter und Kümmel gegen Arthrose halfen, man aber eigentlich überhaupt nicht über Krankheiten sprechen solle, ebenso wenig über Geld.

Großmutter hat ihre ganz eigenen Lebensweisheiten und Philosophien, die es bestimmt nicht an jeder Ecke zu lernen gibt und die nicht nur das Zeug haben, einen jungen Syrer zu verwundern, sondern auch schon zu vielen lebhaften Diskussionen in unserer Familie führten. Zum Beispiel dann, wenn die Jungs ihrer Oma von ihren Erfolgen erzählten.

»Ihr wisst ja sicher, Kinder, dass bei der Vererbung von Eigenschaften oft eine Generation übersprungen wird«, erklärte sie meinen Jungs die Ursache für ihre Siege im Hockey oder Fußball. »Ihr könnt es euch vielleicht nicht vorstellen, aber ich war auch so sportlich früher.«

Gleiches galt aber nicht nur für sportliche Leistungen, sondern auch für ein charmantes Wesen, intellektuelle Fähigkeiten, gutes Aussehen.

»Das habe ich alles nur von Oma«, war ein geflügelter Satz, mit dem die Jungs mich gern ärgerten. Weil Großmutter recht klug ist und erkannt hat, dass es noch mehr zu wissen und zu lernen gibt im Leben, als sie uns direkt vermitteln kann, versorgt sie uns zusätzlich gern zu allen sich bietenden Gelegenheiten mit weisen Sprüchen. Ob wir nun wollen oder nicht: Sie liest sie uns am Telefon vor, sie schreibt sie unter Geburtstags- oder andere Glückwunschkarten, und zwischendurch schickt sie sie gern per Post.

Nach Moaaz' Auszug hat meine Mutter sogleich nach seiner neuen Adresse gefragt. Damit ist er in den Sprüche-Verteiler aufgenommen, und ich bin sehr gespannt, welche Lebensweisheiten er von ihr per Post erhalten wird.

Das Temperament meiner Mutter und die Anzahl der von ihr produzierten Wörter würden für drei Großmütter reichen. Oft hörte ich von Moaaz auf die Frage, wie sein Tag gewesen war, als Antwort nur ein »Boring«. Die Nachmittage bei der Großmutter gehörten ganz sicher nicht in diese Kategorie.

Bei mir ist das so: In der Sekunde, in der ich einen Anruf von ihr entgegennehme, prasseln auch schon die Neuigkeiten durchs Telefon. Hin und wieder, so muss ich zugeben, fliegen mir die Gedanken dabei schon mal fort, zu Dingen, die ich noch tun muss, ob ich dies oder das nicht vergessen habe … Neulich allerdings hörte ich aufmerksam zu.

»Keine Nacht länger schlafe ich unter einem Dach mit Menschen, die gegen die armen Flüchtlinge sind. Ich muss hier sofort wieder ausziehen!«, leitete meine Mutter das Gespräch aufgebracht ein. Obwohl ich Großmutters Hang zur Dramatik kenne, zählte ich automatisch schon die Kartons, die wir im vergangenen Jahr über Wochen in ihrer kleinen Wohnung in der Seniorenresidenz ausgepackt hatten.

»›Man sollte die Flüchtlinge zurückschicken in ihren Booten‹, hat er gesagt! Und die, die hierbleiben, bräuchten nicht mehr als ein Zelt und eine warme Suppe. ›Die muss aber nicht gut schmecken‹, hat er auch noch gemeint.«

Das klang furchtbar, und ich konnte den Ärger meiner Mutter gut verstehen.

»Ich habe natürlich sofort mit der Geschäftsleitung darüber gesprochen und gesagt: Wenn das hier die Gesinnung ist, gehe ich.«

Es überraschte mich nicht, dass meine Mutter bereits mit der Geschäftsleitung gesprochen hatte. Sie hatte auch schon Briefe an verschiedene Politiker geschrieben, um ihnen ihren Standpunkt mitzuteilen, Lob oder Kritik loszuwerden – sogar an die Bundeskanzlerin. Mit ihrer Meinung hält meine Mutter selten hinter dem Berg. Manchmal versuche ich, sie zu bremsen, wenn sie sich voller Engagement und Leidenschaft für eine Sache einsetzt, damit sie nicht übers Ziel hinausschießt. Meistens allerdings vergebens. Und auch diesmal: Natürlich ließ es nicht gleich Rückschlüsse auf die Gesinnung des Hauses zu, wenn ein einzelner Bewohner eine flüchtlingsfeindliche Bemerkung machte.

»Waren denn auch andere Bewohner dieser Meinung?«, fragte ich, um mir ein genaueres Bild zu machen.

»Eigentlich nicht«, fügte meine Mutter schon etwas besänftigter hinzu. »Die meisten waren ganz meiner Meinung.« Solche fürchterlichen Äußerungen hört man leider immer mal wieder, dachte ich. Auch wenn es zum Glück nur einzelne Stimmen sind.

Gerade bei älteren Menschen fällt mir die oft sehr aufgeschlossene Haltung gegenüber den Flüchtlingen auf. Vielleicht erinnern sich viele von ihnen noch an die Millionen Deutschen, die Ende des Zweiten Weltkrieges ebenfalls aus ihrer Heimat vertrieben wurden. Oder sie waren sogar selbst betroffen und auf der Flucht. Ich kann mir vorstellen, dass man dieses Gefühl nie vergisst und vielleicht deshalb das Verständnis umso größer ist. Wie auch bei meinen achtzigjährigen Nachbarn, die Moaaz zu seinem ersten Weihnachtsfest ein Wörterbuch geschenkt hatten.

Einige Tage nach Moaaz' Einzug traf ich Herrn Wümpelmann vor der Tür. Er saß auf einem Stuhl und schnitt seine Hecke.

»Das ist genau, was der junge Mann jetzt braucht«, sagte er begeistert. »Sicherheit und Geborgenheit. Man kann lange darüber diskutieren, ob zu viele Flüchtlinge nach Deutschland kommen, und auch darüber, dass die Integration viel schwieriger ist als gedacht. Aber das Schicksal jedes einzelnen Menschen bleibt berührend.« Er legte die Gartenschere beiseite. »Meine Frau und ich reden oft darüber, wie es wohl wäre, wenn wir auf der Flucht in Arabien in einem Lager mit Hunderten anderen Menschen landen würden. Aber wir haben uns auch gefragt, wie Sie das alles schaffen«, fügte er lachend hinzu.

So wie sich die beiden täglich vor der Tür mit meinen Jungs unterhielten, sprachen sie auch Moaaz an: »Was macht der Deutschkurs?«, »Wie läuft es mit dem Asylverfahren?«, »Hast du schon Arbeit in Aussicht?«

Der alltägliche Nachbarschafts-Schnack war Integration, und Moaaz liebte es. Auch heute erkundigen sie sich regelmäßig nach Moaaz und seinem neuen Leben.

Mittlerweile nun, so fanden wir, sprach Moaaz eigentlich schon fließend Deutsch, was inzwischen ja auch durch einige Deutschprüfungen zertifiziert war. Alle, die ihn erlebten und sprechen hörten, waren begeistert über seine

Fortschritte, und ich war mächtig stolz auf ihn. Anders meine Mutter.

»Was? Das nennst du fließend?«, fragte sie mich neulich im entsetzten Ton. »Ist natürlich eine Frage des Anspruchs. Zugegeben, die Basis funktioniert, aber nun ist es Zeit für den Feinschliff. Und da gibt es noch eine Menge zu lernen!« Bislang hatte Moaaz Großmutter meist allein besucht. Jetzt überlegte ich mir: Da einmal Mäuschen sein und beobachten, wie die deutsche Großmutter meinem syrischen Ziehsohn die Raffinessen unserer Sprache vermittelte.

»Also, beim Sprachunterricht bin ich schon sehr dominant«, warnte mich meine Mutter, als ich ihr von dieser Idee erzählte. »Da wirst du dich vielleicht wundern ...«

»Warum sollte ich das?«, antwortete ich, was meine Mutter überhörte.

Beim nächsten »Tea and Talk« jedenfalls ging ich mit.

Großmutter hatte Kaffee gekocht, Tee nach der ihr eigenen Zeremonie zubereitet und den Tisch im Wohnzimmer liebevoll gedeckt. Ihre Gastfreundschaft konnte mit der arabischen auf jeden Fall mithalten. Mit dem Aufräumen hingegen nahm sie es nicht so genau. Aber wie immer hatte sie sofort einen passenden Spruch zur Rechtfertigung parat: »Äußere Ordnung ist oft nur der verzweifelte Versuch, mit einer großen inneren Unordnung fertigzuwerden.« Gleichzeitig war dieses Zitat von Albert Camus Aufhänger für den Deutschkurs. »Verstehst du ›äußere Unordnung‹, Moaaz?«, fragte sie nach. Machte eine ausschweifende Armbewegung und sagte: »Wenn hier alles aufgeräumt wäre, wäre mit mir nicht alles in Ordnung. Menschen, die in Ordnung leben, haben alle Probleme.«

Moaaz nickte höflich, während ich versuchte, meinen Kommentar zu ihrer fragwürdigen, doch sehr polarisierenden Interpretation runterzuschlucken. Nicht unbemerkt.

»Warum guckst du denn so ernst, Adrienne?«, wollte meine Mutter wissen, wartete meine Antwort aber gar nicht erst ab, sondern widmete sich Moaaz: »Ich sammle nur die besten Sprüche von bekannten, berühmten und anspruchsvollen Menschen. Von Politikern, Schauspielern, Philosophen. Und darum ist es richtig und absolut verbindlich, was sie sagen. Für das nächste Mal suche ich meine ganze Sammlung raus, und wir lesen nur Sprüche. Wie findest du das, Moaaz?«

»Gut«, sagte Moaaz lächelnd.

Damit war das Thema Sprüche erst mal durch.

»Weißt du, was ›heimlich‹ bedeutet, Moaaz?«

»Ja«, bestätigte Moaaz, immer noch lächelnd. Großmutter hielt das nun keineswegs davon ab, es ihm auf ihre ganz eigene Art zu erklären: »Freust du dich, dass der nächste G20-Gipfel in Hamburg stattfindet?«, lautete ihre nächste Frage, und ich wunderte mich, wohin das wohl führen möchte.

Moaaz schüttelte den Kopf. »Nein. Ich mache mir etwas Sorgen, weil ...«

»Das macht nichts«, fuhr Großmutter fort. »Hauptsache, ich freue mich. Und weißt du, warum? Weil Hamburg nämlich sowieso die heimliche Hauptstadt Deutschlands ist und es deswegen passt, dass er hier stattfindet. ›Heimliche‹ Hauptstadt, klar?«

Als Nächstes standen die Worte Lügen und Notlügen auf der Tagesordnung. Oma hielt dazu einen kleinen Vortrag, der bei Übergewicht und falschen Komplimenten anfing, und spannte einen Bogen über Kindererziehung und Finanzkrise, der bei Griechenlands Wirtschaftssituation endete. Ich aß zur Beruhigung das dritte Stück Puffer, während Moaaz ganz entspannt dasaß und fröhlich den Ausführungen meiner Mutter lauschte.

Sie erklärte dann noch die Wörter »Überraschungsparty«, »Politbarometer« und »Prekariat«. Und beendete den Nachmittag wieder mit einem Spruch. Diesmal auf Spanisch – »Nada viene de la nada« – von nichts kommt nichts.

»Das ist das Wichtigste für dich, Moaaz! Du musst lernen, lernen und nochmals lernen.«

Die Schublade des Badezimmerschrankes in ihrer Wohnung, die beim Aufbau schwer gelitten hatte, ist übrigens noch immer weder repariert noch ersetzt. »Because…« Meine Mutter hat sich mittlerweile daran gewöhnt. Vielleicht erinnert die Schublade sie auch daran, dass Moaaz uneingeschränkt hilfsbereit ist. Selbst wenn die eine oder andere Aufgabe ihn überfordert. Aber »Maybe« wird sie eines Tages ja doch noch ersetzt werden.

»Und?«, fragte ich Johann am Abend nach seiner Meckertirade über mich. »Hast du dir überlegt, gegen welche Mutter du mich gern tauschen würdest oder in welcher Familie du lieber wohnen möchtest?«

Johann zog sich kichernd die Decke über den Kopf. Wahrscheinlich ahnte er, dass das Leben auch bei Susanne, Anna, Jessica und Margot nicht nur aus Xbox-Daddeln bestand.

Und ich hoffte, dass auch Moaaz sich wohlfühlte in unserer wilden, unperfekten Familie.

Fiese Mütter, verrückte Brüder, weise Großmütter, durchgeknallte Hunde, hilfsbereite Nachbarn und engagierte Freiwillige: Es braucht ein ganzes Dorf, um ein Kind großzuziehen!

19

Abschied, Neustart und eine neue Weltsicht

Wir haben alle voneinander gelernt: Ich überdenke unser Leben, Respekt, Familienzugehörigkeit und meinen Alltag.

Moaaz kommt zum Überwintern zu uns, so war der Gedanke im November 2015 gewesen, als wir ihn aus der Schnackenburgallee abgeholt hatten. Denn noch schlimmer als das Leben in der Erstaufnahme, so fanden wir, war das Leben in der Erstaufnahme im kalten, nassen Winter.

Wir alle wussten natürlich von Anfang an, dass es ein Zusammenleben auf Zeit sein würde. Und dann wurde es ernst. Auf Johanns Bett lag ein Abschiedsbrief:

Lieber Johann, ich war sieben Monate in deinem Zimmer. Das war toll für mich und wunderbar! Vielen, vielen Dank, lieber Johann.

Darunter hatte Moaaz ein großes Herz gemalt.

Im Flur standen ein großer Koffer, zwei Reisetaschen und ein paar Tüten. Darüber lag zusammengerollt der kleine Orientteppich, den Großmutter Moaaz geschenkt hatte. Johann zog zurück in sein Zimmer und Moaaz weiter in ein selbstständiges Leben.

Schon Monate vor Moaaz' Auszug redeten wir nur noch deutsch miteinander. Fast erschien es mir irreal, dass wir damals mit dem Laptop auf dem Schoß auf dem Sofa saßen und per Google-Übersetzer über die wichtigsten Dinge im Haus, in der Familie und im Leben kommunizierten. Ist es nicht immer wieder ein Wunder, wie schnell sich die Dinge verändern? Erst wartet man ungeduldig und voller Freude darauf, dass die Kinder sprechen, empfindet das erste Wort und die ersten Schritte fast wie Zauberei. Aber schon kurze Zeit später scheint es nie anders gewesen zu sein. Ich erinnere noch genau, wie es bei meinen Söhnen war. Statt dem heiß ersehnten »Mama« als erstes Wort sagten meine Jungs »Ball«. Juris erstes gelesenes Wort war Nissan. Dann kamen Fußball und Auto. Damals war ich darüber noch erstaunt.

Moaaz hat weit mehr gelernt, als nur Deutsch zu sprechen. Er hat seine Katzenphobie überwunden und sich daran gewöhnt, mit einem Hund im Haus zu leben. »Carlo ist mein erster Hund, und ich werde keinen so lieben wie ihn«, sagt er oft. Er kennt unsere Umgangsformen, kann ein Lied singen von der deutschen Pünktlichkeit, hat sich daran gewöhnt, dass wir Spaghetti als ordentliche Mahlzeit empfinden, dass bei uns Mädchen ein und aus gehen und, und, und … Wahrscheinlich könnte Moaaz selbst die Liste um weitere hundert Punkte erweitern.

Die Monate mit ihm waren im Flug vergangen, der Frühling ging schon in den Sommer über, da zog Moaaz in seine eigene Wohnung, die er sich mit Hussein teilen würde.

Wie waren die beiden an eine Wohnung gekommen? Dank Marion, die wieder einmal alle Kontakte mobilisiert hatte, um schönen und vor allem bezahlbaren Wohnraum zu finden. Denn so etwas in Hamburg zu ergattern ist schon wie ein Sechser im Lotto. Und für zwei junge Syrer war es noch mal um ein Vielfaches schwieriger.

Als die Wohnung eingerichtet war, lud Moaaz Juri, Johann und mich zum Essen ein. Als wir ankamen, wirbelte Moaaz noch in der Küche herum. Natürlich gab es wieder Tabouleh, den obligatorischen Petersiliensalat, den die Jungs so liebten. Außerdem Huhn, Reis und Kibbeh, einen Auflauf aus Hackfleisch, Hummus und Kartoffeln. Der Platz reichte gar nicht für all die Köstlichkeiten, die Moaaz für uns vorbereitet hatte. Die hübsch angerichteten Teller und Platten bedeckten den ganzen Küchenboden, dazwischen balancierte Moaaz geschäftig mit Töpfen und Pfannen. Ich bot meine Hilfe an, die Moaaz ablehnte. Wir waren die Gäste, und er wollte uns verwöhnen. Und so saß ich auf dem gemütlichen Sofa und genoss einen Gang nach dem anderen. Nach syrischer Gastfreundschaft hatte Moaaz gekocht, als erwarte er mindestens zehn Personen und nicht nur drei. Und nach dem Dessert war ich so satt und glücklich, dass ich mich am liebsten direkt auf dem Sofa ausgestreckt hätte.

Juri und Johann staunten und lobten immer wieder die coole kleine Wohnung, die Hussein und Moaaz ziemlich lässig eingerichtet hatten: graue Wände und Sofa, Glasschreibtisch, LED-Beleuchtung. Und wir alle zusammen waren beruhigt und freuten uns, dass Moaaz es so gut getroffen hat mit der neuen Unterkunft.

Die neue Wohnung liegt nur ein paar Kilometer von unserem Haus entfernt, dennoch fühlte es sich für mich seltsam an, Moaaz nach all den gemeinsamen Monaten und intensiven Erlebnissen ziehen zu lassen. Wie es eben so ist, wenn ein Familienmitglied auszieht – denn Moaaz war längst nicht mehr »der Flüchtling aus Syrien«, dem wir ein Zimmer zur Verfügung gestellt hatten, sondern Teil der Familie. Das Zusammenleben mit all unseren Unterschieden, den Sorgen und Problemen, lustigen Begebenheiten, liebevollen Momenten, die allesamt das Leben und Einleben begleiteten, gehörte längst zu unserem Alltag.

Als die Jungs noch klein waren, da fand ich den Gedanken unerträglich, dass einer von meinen geliebten Süßen das Haus verlassen würde. Aber als der Zeitpunkt kam und Justus als Erster auszog, fühlte es sich plötzlich stimmig an. Mein Ältester war erwachsen geworden, flügge. Schon längst war er bei mir im Haus seine eigenen Wege gegangen. Das Zusammenleben hatte sich mehr wie eine WG und weniger wie eine Mutter-Sohn-Beziehung angefühlt. Er war bereit, und es war Zeit für ihn, in sein Leben zu starten. Trotzdem flossen natürlich Tränen – zumindest bei mir.

Und nun verließ also auch mein großer Ziehsohn das Nest.

»Wo ist Moaaz hin? Hat er eine Wohnung gefunden? Einen Job? Wie geht es ihm?« So sprachen mich viele Freunde nach Moaaz' Auszug an. Auch Henri, der, kurz nachdem Moaaz bei uns eingezogen war, ebenfalls einen jungen Syrer aufgenommen hatte, den sechsundzwanzigjährigen Atta. Warum er diesen Schritt gegangen war, erläuterte er mir damals so: »Ich möchte natürlich helfen. Aber es geht mir auch ein Stück weit um Erziehung. Ich möchte, dass meine beiden Söhne wissen, wie viele Menschen es gibt, denen es viel schlechter geht als uns. Und ich möchte, dass die Entscheidung zu helfen, wo man eben kann, auch für sie selbstverständlich wird.« Seitdem tauschten wir uns regelmäßig aus. Atta hatte sich nach ein paar Wochen entschlossen, zurück in die Erstaufnahmeeinrichtung zu ziehen. Seinen Auszug hatte er damit erklärt, dass er einer der wenigen war, die etwas Deutsch sprechen konnten. Er wollte seinen Kumpels helfen, denen es so viel schwerer fiel, sich zurechtzufinden, als ihm selbst, da er sehr aufgeschlossen und ehrgeizig war. Henris Familie war zwar traurig gewesen, verstand und bewunderte aber seine Beweggründe. Mit Henris Unterstützung fand Atta einen Praktikumsplatz in einer Reederei, und bis heute besucht Atta Henri und seine Jungs regelmäßig zum gemeinsamen Kochen und Essen. Mittlerweile bereitet er sich mit intensiven Deutschkursen auf sein Ingenieurstudium vor. Und auch er wohnt inzwischen in einer eigenen Wohnung, in die er Henri und seine Familie regelmäßig einlädt. »Eine echte Erfolgsgeschichte«, erzählt Henri stolz. »Und außerdem ist Atta mir ein wertvoller Freund geworden.«

Und meine Nachbarinnen? Sie hatten sich an Moaaz gewöhnt und vermissten ihn. Und dass nicht nur wegen seiner Kochkünste. Es ging ihnen wie mir!

Kurz bevor Moaaz bei uns einzog, hat eine Frau zu mir gesagt: »Ich würde ja auch gern einen Flüchtling aufnehmen. Aber ich habe Angst, dass ein Fremder unseren Familienalltag durcheinanderbringen und unser Leben verändern könnte.«

Beides stimmt: Moaaz hat unseren Alltag durcheinandergebracht und unser Leben verändert.

Beim Einkaufen greife ich nun, da er ausgezogen ist, nicht mehr automatisch zum weißen »Plastikbrot«, aber der türkische Supermarkt ist inzwischen mein Lieblingsgemüseladen. Die Hähnchenkeulen für unser neues Leibgericht kaufe ich allerdings doch lieber bio beim Schlachter im Dorf statt dort aus dem Pappkarton zum Discountpreis.

Und was das Leben-Durcheinanderbringen angeht: Für meine Söhne muss ich eh schon glutenfrei kochen. Nach Moaaz' Einzug musste alles schweinefleischfrei und möglichst auch noch »halal« sein. Ich gebe zu, dass ich manchmal in Versuchung geriet zu schummeln. Nach dem Motto: Merkt doch keiner, ob der Eintopf mit einem Stück Speck gekocht worden ist. Denn wie sollte Moaaz überhaupt erkennen, ob auf der Pizza Rinder- oder Schweinesalami lag, wenn er Letztere doch noch nie probiert hatte?

Aber ich habe es nie getan. Weil ich es nicht über mich gebracht hätte, ihn anzulügen, wenn er vor mir stand und höflich fragte: »Ist das Essen auch okay für mich?«

Außerdem achtete ich natürlich doch ein wenig mehr darauf, wie ich zu Hause herumlief. Ich zog mir immer einen Bademantel über, statt auch mal in T-Shirt und Unterwäsche durchs Haus zu sausen, um Moaaz nicht in Verlegenheit zu bringen.

Eine große Herausforderung für mich aber war vor allem immer wieder, die Balance zwischen Empathie und Abgrenzung zu finden. Anteil zu nehmen an Moaaz' Traurigkeit und den Erzählungen von zu Hause. Auszuhalten, dass Teile von Moaaz' Familie und viele seiner Freunde krank sind vor Hunger und Mangelernährung, und gleichzeitig fröhlich unseren Alltag wie gewohnt weiterzuleben, ohne schlechtes Gewissen vor vollen Tellern zu sitzen und die nächste Hockeyreise oder die Sommerferien zu planen. Mitleid für Moaaz zu empfinden und ihn trotzdem nicht in Watte zu packen, sondern so normal wie möglich, vielleicht wie einen Austauschschüler, zu behandeln und in unser Leben zu integrieren. All das habe ich bis zuletzt höchstens mit »ausreichend« gemeistert. Aber ich glaube, schon an dem Versuch bin ich etwas gewachsen und habe sicher noch einmal mehr gelernt, bewusst zu schätzen und zu genießen, was oft so selbstverständlich für uns ist: Nahrung, Sicherheit, ein komfortables Leben, ohne viel Verzicht und vor allem die wärmende Familie in allen Lebenslagen an meiner Seite. Auch Loslassen stand ganz oben auf meinem Lehrplan. Ich habe versucht, Moaaz zu unterstützen, wo ich konnte, und es fiel mir schwer, meine Grenzen hinzunehmen und zu akzeptieren, dass meine Hilfe nicht immer gern angenommen wurde – aus welchem Grund auch immer.

Und für all diese Veränderungen und Erfahrungen bin ich dankbar. Ich spüre immer wieder, dass es gut ist, von Zeit zu Zeit aus der Routine gerissen zu werden, das eigene Leben auch wieder einmal aus einer anderen Perspektive zu betrachten und seine Werte und Gewohnheiten zu überdenken. Vermutlich wäre es etwas übers Ziel hinausgeschossen, meiner Mutter plötzlich zur Begrüßung voller Ehrerbietung die Hände zu küssen, und ich wäre mehr als misstrauisch, würden meine Söhne auf diese Idee kommen. Dennoch hat Moaaz mich mit seinem Selbstverständnis von Respekt, Familiensinn und Fürsorge nachdenklich gestimmt.

Und Moaaz? Er hat inzwischen gelernt, wie sehr die Deutschen Pünktlichkeit lieben und vor allem auch: erwarten. Als wir neulich verabredet waren, schickte er mir zu meiner Überraschung eine WhatsApp. »Komme 12 Minuten später, habe die Bahn verpasst.«

Ich hingegen übe mich darin, ab und zu mal das Tempo rauszunehmen und alles etwas lockerer zu sehen. Die Welt geht nicht unter, wenn ich nicht alles schaffe, was auf meiner täglichen To-do-Liste steht. Ich nehme mir mehr Zeit zum Kochen, letzte Woche gab es sogar einen echten Sonntagsbraten. Den Kindern sind fast die Augen aus dem Kopf gefallen. Einzige Reklamation: Der Salat schmeckt nicht ganz so gut wie bei Moaaz, aber der Rest sei schon in Ordnung.

Natürlich besucht Moaaz uns regelmäßig. Carlo springt jedes Mal wie ein Irrer um ihn herum, und Johann fällt seinem Ziehbruder um den Hals. Noch immer begrüßt Moaaz uns mit »Wie geht es euch? Ist alles in Ordnung?« statt mit »Digga, was geht?«. Vielleicht wäre das die nächste Stufe der Integration, vielleicht aber gehört die Jugend-Umgangssprache einfach nicht in Moaaz' Leben.

Er holt Johann nun zwar nicht mehr von der Schule ab oder spaziert mit ihm Hand in Hand durch die Siedlung, aber wenn er zu Besuch kommt, nimmt Johann Moaaz gern in Beschlag, zeigt ihm stolz seine neuen Spielzeugautos und fragte beim letzten Mal: »Welches Auto findest du am coolsten, Moaaz? Möchtest du lieber BMW oder den Audi A6 fahren?« Obwohl diese Entscheidung ebenso wenig aktuell für Moaaz ist wie für den neunjährigen Johann, antwortete er zu Johanns großer Zufriedenheit: »Den Audi A6.«

Danach spielen Juri und Moaaz Uno oder Rummikub oder kicken eine halbe Stunde im Garten. Vom Xbox-Spielen konnten die Jungs Moaaz nicht überzeugen. Nur einmal hatte Johann es geschafft, ihn zu einer Runde FIFA-Spielen zu überreden. Moaaz hatte es seinem Ziehbruder zuliebe getan – ohne einen Funken Leidenschaft.

Manchmal holt Moaaz auch nur Carlo zum Spazierengehen ab.

Ab und an essen wir zusammen oder gehen ins Kino. Und wenn wir beide Zeit haben, treffen wir uns zwischendurch allein zum Frühstück und besprechen Themen, die Moaaz gerade beschäftigen: »Wo finde ich einen Hautarzt? Ist es wohl besser, erst ein Praktikum zu machen oder gleich eine Ausbildung, oder sollte ich studieren?«

Hussein studiert mittlerweile an einer privaten Hochschule Kommunikationsdesign. Moaaz ist noch nicht ganz sicher, welchen Weg er beruflich einschlagen möchte. »Schauspieler zu werden war immer mein Traum. Aber in Deutschland wird dies unmöglich für mich sein«, erzählte er mir neulich. »Doch es ist ja auch schön, wenn Träume einfach Träume bleiben. Ich habe früher oft daran gedacht, Apotheker zu werden. Aber Mathematik, Physik und Chemie waren nicht gerade meine Lieblingsfächer«, fügte er lachend hinzu.

Erst einmal will Moaaz weiter zur Schule gehen, sein Deutsch perfektionieren.

Eines Tages möchte er gern seine Mutter und seine Geschwister wiedersehen. Vielleicht in der Türkei, vielleicht im Libanon. Auf keinen Fall will er jemals zurück nach Syrien.

Wir haben auch viel über dieses Buch gesprochen. »Was war für dich fremd? Was war am Anfang am schwierigsten für dich in unserer Familie?«, fragte ich ihn.

Moaaz lächelte nur und gab mir die, wie ich fand, etwas sonderbare Antwort: »Ich hatte schon in Syrien italienische, französische und auch deutsche Filme über das Familienleben in Europa gesehen. Deshalb hatte ich eine Ahnung davon, dass es anders sein würde als bei uns zu Hause.« Was für ihn schwierig und fremd war, was er absurd fand oder womit er wirklich Probleme hatte und vielleicht noch immer hat – ich werde es nicht erfahren. Niemals wird Moaaz Kritik üben oder ein negatives Wort über seine Familie sprechen. Nicht über die in der Heimat und auch nicht über die Zweitfamilie in Deutschland. Die Familie ist für Araber heilig, und schlecht über sie zu sprechen wäre nicht nur unhöflich, sondern undenkbar.

Ich frage mich, was Moaaz wohl später seinen Kindern von der Zeit unterm Reihenhausdach erzählen wird. Von der turbulenten Familie mit den vier wilden Jungs, dem lustigen Hund, dem altersschwachen, neurotischen Kater, der deutschen Ziehmutter. Kindern, für die es schwer sein wird, sich vorzustellen, wie es damals war: als Krieg in Syrien herrschte und ihr Vater gezwungen war, das Land zu verlassen. Ich bin sicher, Moaaz wird auch sie verschonen wollen und ihnen nichts von der Flucht erzählen und all dem Leid.

»Ich freue mich auf den Moment, wenn ich in einigen Jahren meinen deutschen Pass in der Hand halte«, vertraute Moaaz mir an, als wir über seine Kindheit in Syrien und seine Zukunft in Deutschland sprachen. Dabei leuchteten seine Augen. »Dann bin ich endlich ein richtiger Deutscher! Ich stelle mir manchmal vor, wie ich dann mit diesem Pass in andere Länder reise, vielleicht nach Spanien. Und dort nach einem Übersetzer frage, der dann für mich statt ins Arabische ins Deutsche übersetzt. Das wäre ein unglaublicher Erfolg.«

Moaaz nähert sich diesem Ziel in großen Schritten. Vor ein paar Wochen präsentierte er mir stolz die Urkunde über den erfolgreichen Abschluss seines Integrationskurses. *Bescheinigung über die Teilnahme am Test »Leben in Deutschland«,* stand darauf. Moaaz hatte die Sprachprüfung absolviert, sich mit rund dreihundert Fragen zu Themenfeldern wie Alltag, Geschichte und Kultur beschäftigt. Ich sah mir einige der Übungsfragen an: *Wann wurde die Bundesrepublik gegründet? Woran erinnert der Gedenktag am 27. Januar? Welchen Senator hat Berlin nicht? Bei welchem Amt muss man seinen Hund anmelden? Aus welchem Land kamen die ersten Gastarbeiter nach Deutschland? Was versteht man unter dem Recht der »Freizügigkeit« in Deutschland? Wer schrieb den Text zur deutschen Nationalhymne?*

Wie weit meine Jungs wohl gekommen wären? Hätten sie den Test mit den Fragen zu ihrem Land bestanden? Ich vermute, sie wären spätestens an der Frage »Wann beginnt die gesetzliche Nachtruhe in Deutschland?« gescheitert.

Wie dem auch sei: Zumindest Moaaz hatte 33 von 33 erreichbaren Punkten erhalten. Und ich war megastolz auf ihn.

Justus lebt längst in Berlin, Moaaz ist ausgezogen, und Jonah wird der Nächste sein, der das Haus verlässt, wenn im Sommer seine Ausbildung beginnt. Irgendwann werden dann auch die Kleinen davonziehen. Zunehmend werde ich das Leben meiner Söhne aus der Ferne beobachten und mit großer Spannung verfolgen, wie sie sich weiterentwickeln. Ganz sicher werde ich häufig sentimental zurückblicken, denn ein gemeinsamer Lebensabschnitt ist dann unwiderruflich vorbei. Und ich werde sie vermissen! Aber immerhin bedeutet jedes ausziehende Kind auch ein Fitzelchen mehr Freiheit, und ich habe so eine Ahnung, dass da auch ein Funken Freude sein könnte, wenn ich mittags nach Hause komme und nicht alle Rollläden runtergezogen sind, weil die Jungs noch immer in den Betten liegen, ich auf dem Weg ins Wohnzimmer nicht am Küchenboden festklebe oder nachts auf halb nackte Pokerfreunde treffe.

Aber sicher werde ich dieses ganze turbulente und manchmal chaotische Leben auch vermissen. Und falls Johann mich dann noch nicht in die geschlossene Abteilung des Seniorenheimes eingewiesen hat, »weil es manchmal nicht anders geht«, werde ich mich vermutlich schon Wochen vor Weihnachten darauf freuen, Berge von Lebensmitteln einkaufen zu dürfen, während die Jungs in den Betten chillen. Und vermutlich wird es dann auch wieder

Moaaz sein, der mir beim Kochen hilft. »Because … that's normal!«

Als auch Jonah begann, über seinen Auszug nachzudenken, fing Johann nachdenklich an zu rechnen und folgerte dann ganz richtig: »Wenn Juri später auszieht, bin ich ja der Letzte, der mit dir hier im Haus übrig bleibt.« Sogleich fügte er hinzu: »Das halte ich auf keinen Fall aus! Können wir dann wieder einen Flüchtling aufnehmen?«

PS: Letzte Woche war ich wieder mit Moaaz zum Frühstück verabredet. Als ich mit der Brötchentüte um die Ecke eilte, stand er schon vor der Tür. »Du bist sieben Minuten zu spät«, empfing er mich mit einem Blick auf die Uhr. Dann fügte er lachend hinzu: »Was bist du nur für eine Deutsche!«

Nachwort von Moaaz

Der 27. August 2015 war ein ganz besonderer Tag für mich. Ich möchte dieses Datum niemals vergessen, weil es der Tag war, an dem ich in Hamburg ankam.

Als ich »die Luft von Hamburg gerochen habe«, so sagt man bei uns in Syrien, dachte ich sofort: In dieser Stadt würde ich sehr gerne leben. Hier konnte ich die Monate der Flucht vergessen. Vielleicht ist »vergessen« nicht der richtige Ausdruck, aber zumindest konnte ich sie in einer Schublade fest verschließen.

Ein weiteres besonderes Datum war dann der 6. November 2015. An diesem Tag holten Adrienne, Juri und Johann mich in der Schnackenburgallee ab. Es war ein Geschenk Allahs, dass Adrienne und ihre Söhne mich aufgenommen haben. Nach den ganzen traurigen Erfahrungen und Erlebnissen der letzten Monate fühlte ich mich wie neugeboren, als ich in Johanns Zimmer einzog.

In den Monaten der Flucht hatte ich überall geschlafen – auch draußen. Und in der Erstaufnahmeeinrichtung hatte ich erst das Zelt und dann den Container immer mit vielen Leuten geteilt. Zum ersten Mal seit langer Zeit hatte ich nun wieder einen Raum ganz für mich allein.

Meine Mutter war so glücklich, dass ich nicht nur im sicheren Deutschland angekommen war, sondern nun sogar wieder in einer richtigen Familie lebte. Familie bedeutet uns so viel im Leben.

Was mir in Deutschland gefällt: Hier leben Christen, Muslime und Juden meist friedlich und ohne Hass nebeneinander. Das finde ich gut. Denn das Zusammenleben von Menschen unterschiedlicher Religionen ohne Hass und Gewalt bedeutet für mich ein Leben im Paradies. Und ich hatte fast vergessen, was es bedeutet, in Freiheit zu leben. Hier in Deutschland kann ich wieder meine Meinung sagen, ohne Angst zu haben, dass mir oder meiner Familie dadurch etwas passieren könnte.

Trotzdem war es am Anfang nicht immer einfach für mich, mich in Deutschland zurechtzufinden. Aber zum Glück habe ich sehr viele nette Menschen kennengelernt, die mich unterstützt haben und mir noch immer helfen.

Hamburg hat einen großen Platz in meinem Herzen gefunden. Ich mag die Elbe, Blankenese und Altona beinahe so gern wie Damaskus.

Bald mache ich nun schon meine Deutschprüfung Level C1. Damit darf ich dann studieren. Das wäre ein Traum für mich.

Aber anfangs hatte ich schon Probleme mit der Sprache. Es gibt Wörter, die für mich lustig klingen oder schwer auszusprechen sind: Streichholzschachtel, überflüssig, Genehmigung… Aber ich bin sicher, dass ich bald Deutsch wie meine Muttersprache spreche.

In Syrien habe ich angefangen, BWL zu studieren, aber eigentlich wollte ich immer Schauspieler werden. Es fällt mir im Moment sehr schwer zu entscheiden, ob ich studieren möchte oder lieber eine Ausbildung machen sollte. Hier in Deutschland gibt es jetzt wieder alle Möglichkeiten für mich. Ich dachte oft, dass ich das Leben dem Schicksal anvertrauen kann. Aber neulich habe ich von meiner Großmutter in Deutschland das Sprichwort »Von nichts kommt nichts« gelernt. Und ich glaube, sie hat recht. Wenn ich nichts tue für meine Träume, werden sie immer nur Träume bleiben. Ich werde mir viel Mühe geben für eine erfolgreiche Zukunft in meiner neuen Heimat.

Adrienne ist ein gefühlvoller Mensch. Sie hat sich immer viele Sorgen gemacht. Vor allem auch in den Zeiten, als ich vor Traurigkeit, Heimweh und Sorge um die Familie nicht essen konnte. Ich habe in den Monaten in Adriennes Familie viel über die Unterschiede zwischen Europa und dem Mittleren Osten gelernt. Nun weiß ich mehr darüber, was deutsche Familien essen, wann sie aufstehen und schlafen gehen und wie sie ihren Alltag verbringen. Johann und Juri sind wie meine Brüder, und jedes Mal, wenn ich sie sehe, bin ich wirklich glücklich. Sie sind meine großen Lieblinge! Jonah und Justus sind ja auch schon junge Männer. Sehr freundliche! Wir alle haben zusammen eine schöne Zeit verbracht. Ich mag die Gespräche mit Großmutter und höre ihr gern zu, wenn sie von ihrem Leben und ihren Erfahrungen erzählt. Und seit ich Carlo kennengelernt habe, habe ich auch mein Vorurteil über Hunde aufgegeben. Er ist ein süßer und freundlicher Hund und hat einen großen Platz in meinem Herzen.

Die Zeit mit den Friedlaenders werde ich für immer in wunderbarer Erinnerung haben.

Ich habe gelernt, dass Unterschiede in Kulturen und Religionen nicht wichtig sind, wenn man sich angenommen fühlt. Ich war sieben Monate ein Teil der Familie. Das ist Integration für mich. Ich kann jetzt sagen, dass es in meinem Leben zwei Familien gibt: meine Familie in der Heimat, in die ich geboren wurde und wo ich aufgewachsen bin, und meine Familie in Deutschland, die mich aufgenommen hat.

Inzwischen wohne ich mit meinem Freund Hussein zusammen. Wir teilen uns eine Zweizimmerwohnung. Das war eine sehr gute Entscheidung, denn ich möchte niemals in meinem Leben allein wohnen.

Aber trotzdem vermisse ich meine Familie sehr und bin deswegen oft sehr traurig. Ich denke viel an meine Mutter und meine Geschwister, die noch in Syrien leben, und mache mir Sorgen, ob sie genug zu essen haben und ob es ihnen wohl gut geht. Ich wünsche mir so sehr, dass der Krieg in Syrien zu Ende geht und ich eines Tages meine Familie wiedersehen werde.

Und was geschah danach?

Immer wieder fragen Freunde, Nachbarn und nun, nach dem Erscheinen meines Buches, auch Gäste auf Lesungen: Wie geht es Moaaz? Was macht er heute? Was sind seine beruflichen Pläne?

Moaaz würde diese Fragen vermutlich mit »Gut« und »Ich möchte studieren« beantworten – und das war's. Er ist so wortkarg wie meine anderen vier Jungs. Ich aber liebe, wie die meisten stolzen Mütter, Fragen nach meinen Kindern und erzähle gern von ihnen.

Zwei Jahre sind vergangen, seit Moaaz bei uns ausgezogen und in sein eigenes Leben gestartet ist. Seither ist es mit ihm wie mit Jonah und Justus und überhaupt mit flügge gewordenen Kindern: Manchmal sehen wir uns wochenlang gar nicht, weil jeder mit seinen Angelegenheiten beschäftigt ist, doch dann wieder gibt es Zeiten, in denen wir uns häufiger treffen, am Wochenende gemeinsam frühstücken, Familienfeste feiern und schöne, besondere Momente miteinander erleben.

Zu diesen besonderen Momenten gehören für Moaaz und mich auf jeden Fall unsere gemeinsamen Lesungen. Ich freute mich riesig über das Interesse und die vielen Anfragen nach dem Erscheinen der Hardcover-Ausgabe des Buches, gleichzeitig war ich ziemlich aufgeregt und nervös.

Schreiben ist eine einsame Leidenschaft, der man meist allein im stillen Kämmerlein nachgeht. An dieser Stelle sollte ich vielleicht verraten, dass ein Großteil dieses Buches nicht in besagtem Kämmerlein, sondern auf dem Sofa entstanden ist. Unter einer Wolldecke, mit dem Hund zu Füßen, Kaffee und Sandwiches auf einem Tablett daneben. Für mich war es nach den Monaten des Schreibens daher eine völlig andere Sache, vor einer großen Zahl Menschen zu lesen. Die Nacht vor meiner ersten Lesung konnte ich vor Lampenfieber kaum schlafen. Ich erzählte Moaaz davon und dachte, er, der so schüchtern war, würde mich bestimmt verstehen. Und mehr aus Spaß fragte ich ihn: »Willst du nicht mitkommen?«

»Of course – no problem«, antwortete er lakonisch.

Wir kennen uns nun schon drei Jahre, aber mein stiller Ziehsohn ist immer wieder für eine Überraschung gut. Ich freute mich riesig, und es gab mir Sicherheit, dass er neben mir auf dem Lese-Podest saß. Zur Einstimmung auf die Lesung und damit meine Zuhörer uns besser kennenlernten, zeigte ich mit einem Beamer vorab ein paar Fotos von meiner Familie, der Großmutter, dem Hund Carlo und meinen Jungs. Und danach den Film auf YouTube, den Moaaz mir damals ans Herz gelegt hatte, damit ich sein Land sehen konnte, wie es früher war: »Du musst ›Syrien vor 2010‹ eingeben.« Seit dem Zeitpunkt war mir erst richtig klar, was Moaaz verloren hat. Und während der Lesungen erlebte ich, dass auch die Zuhörer sehr berührt waren. Danach las ich aus einer Auswahl an Kapiteln, während Moaaz entspannt lächelnd neben mir saß. Richtig aufblühen tat er, als die Zuhörer ihn nach der Lesung direkt ansprachen: Wie war es, als eine fremde Frau dich abholte? Was sind deine Pläne in Deutschland? Möchtest du jemals wieder zurück nach Syrien? Moaaz antwortete ohne eine Spur von Schüchternheit, aufgeschlossen und souverän. Als ich mich überrascht zeigte, sagte er gelassen: »Ich mag es, den Menschen unsere Geschichte zu erzählen. Ich möchte ihnen zeigen, dass es ganz einfach funktionieren kann mit Multikulti-Familien und -Freundschaften.« Von da an gingen wir häufig im Doppelpack zu Veranstaltungen.

Ein besonderes Highlight war für uns eine Einladung des SWR2 in die Sendung »Tandem« im letzten Winter. Dort treffen sich Gast und Moderator zum einstündigen Gespräch über das, was den jeweiligen Menschen bewegt. Moaaz und ich durften zusammen unsere Geschichte erzählen, und wir freuten uns sehr darauf. Ich machte mir Gedanken, ob das Interview Moaaz vielleicht doch überfordern, ob er mit den Fragen zurechtkommen und sich wohlfühlen würde. Dazu stellte ich mir wie schon so oft einfach die Situation umgekehrt vor – ich zu Gast in einem arabischen Sender – und fand Moaaz ziemlich mutig. An einem eiskalten Wintertag fuhren wir zusammen im Zug nach Berlin, wo die Sendung für den Südwestrundfunk im Studio aufgezeichnet wurde. Bevor es losging, trafen wir die Moderatorin auf einen Kaffee. Sie erklärte uns den Ablauf, erzählte uns, worüber wir reden würden, und bereitete uns auf die Sendung vor. Moaaz hörte ihr aufmerksam zu, hatte aber wenig Fragen. Und dann saßen wir im Studio. Stolz hörte ich, was Moaaz erzählte: »Ich finde es besonders toll, dass Adrienne ein Buch über mich geschrieben hat. Die Arbeit hat uns sehr verbunden.« Das war auch mein Gefühl gewesen, und ich freute mich über seine Worte. Besonders rührte mich seine Antwort auf die Frage der Moderatorin, wie Moaaz es fand, dass ich manchmal so streng gewesen war, mit ihm gemeckert hatte, ihn aus dem Bett geschmissen und zur Schule gescheucht hatte. Er antwortete: »Das war gar kein Problem. Es hat mich sogar gefreut, weil ich das Gefühl hatte, wieder ein Zuhause zu haben, jemanden, der sich um mich kümmert. Man schimpft nur, wenn es Liebe gibt.« Lachen musste ich, als Moaaz auf die Frage, was ich wohl von ihm gelernt hätte, grinsend antwortete: »Salat vernünftig klein schneiden.« Und dann amüsierten wir uns wieder einmal über unser Lieblingsthema »Zeit und Pünktlichkeit«, und Moaaz verriet den Zuhörern, dass ich im Gegensatz zu ihm in letzter Zeit mehrfach zu spät zu Verabredungen gekommen war.

Im Anschluss an die Sendung bummelten wir über den Weihnachtsmarkt, bevor wir wieder nach Hause fuhren. Ein paar Wochen später feierten wir dann zum dritten Mal zusammen Weihnachten, diesmal bei meinem Exmann, mit Johann und Juri, meiner einundneunzigjährigen Mutter und Carlo. Justus und Jonah riefen am Abend an, weil sie in diesem Jahr bei ihrem Vater feierten. Ich freue mich immer wieder über unsere gut funktionierende Patchwork-Familie.

Das neue Jahr begann traurig für uns. Im Januar stürzte meine Mutter und brach sich ein Bein – der Anfang einer kleinen Odyssee. Sie wurde mehrfach operiert, kam vom Krankenhaus in die Reha und zurück ins Krankenhaus. Meine Kinder und ich und auch Moaaz besuchten sie oft. Und wir erlebten hautnah mit, was ich vorher nur aus den Medien kannte, nämlich wie es um die Pflegesituation in Deutschland steht und wie gefährlich unterbesetzt die Krankenhäuser sind. Meine Mutter ist ein tapferer Mensch, aber manchmal weinte sie aus Verzweiflung, wenn wir sie besuchten.

»Ich brauche eine Trillerpfeife«, sagte sie einmal. Und als ich fragend mit den Schultern zuckte, erklärte sie: »Damit ich pfeifen kann, wenn ich in Not bin. Hier kommt sonst keiner.«

Ein andermal hörte ich, dass sie eine halbe Stunde mit der frischen, stark schmerzenden Operationswunde weinend auf der Toilette gesessen habe, weil niemand Zeit gehabt hatte, sie zurück ins Bett zu bringen. Und sie erzählte uns auch von der Krankenschwester, die erschöpft und traurig an ihrem Bett gesessen hatte: »Ich gehe jeden Abend mit dem Gefühl nach Hause, meinen Job nicht gut gemacht zu haben. Ich habe den Beruf gewählt, um Menschen zu helfen, aber nun lassen uns die Arbeitsbedingungen nicht die Zeit dazu.«

Das deprimierte mich. Unwillkürlich dachte ich an das Gespräch mit meiner Freundin Marion, die noch immer aktiv in der Flüchtlingshilfe war. Sie hatte mir von Mohamed erzählt, einem Arzt aus Syrien, der seit Jahren auf seine Zulassung wartete und nicht praktizieren durfte.

»Warum dürfen die vielen jungen Männer und Frauen, die zum Warten verdonnert sind, hier nicht helfen?«, fragte meine Mutter. Sie hatte durch Moaaz erlebt, wie hilfsbereit, liebe- und respektvoll viele der Menschen sind, die ihr früher so fremd erschienen.

Auch für mich klingt es absurd. Händeringend wird Personal für die Pflege gesucht, und es werden Fachkräfte aus dem Ausland angeworben, aber zugereiste hochqualifizierte Ärzte und viele andere hilfsbereite, fürsorgliche Menschen werden zum Nichtstun gezwungen. Sicher würde selbst ein Facharzt wie Mohamed lieber in unbezahlten Praktika seiner Profession folgen und auf der Station in der Pflege aushelfen, bis er in seinem Fachgebiet arbeiten kann, statt zu Hause die Wand anzustarren. Warum gibt man den geflüchteten Menschen nicht einfach unbürokratisch die Möglichkeit, Sinnvolles tun, während sie darauf warten, dass ihr Leben in Deutschland endlich richtig beginnt? Sicher würde es nicht nur helfen, das endlose Warten auszuhalten, sondern es gäbe ihnen auch das Gefühl, mehr wert zu sein als ein lästiger »Flüchtling«.

Warten auf den Asylbescheid, warten auf die Anerkennung von Zeugnissen und beruflicher Qualifikation, warten auf den Deutschkurs, warten auf den Nachzug der Familie. Was das Warten mit Menschen macht, hatte ich nur zu gut in Erinnerung, als sich die Anerkennung von Moaaz' Asylantrag hinzog. Traurig schlich er durchs Haus, wurde von Tag zu Tag stiller, aß immer weniger, harrte teilweise wie gelähmt in seinem Zimmer aus. Während Moaaz aber mit uns eine Familie hatte, die ihn auffing, hatten andere weniger Glück. Sie hatten niemanden, der sie schimpfend aus dem Bett warf und ihnen in ihren Nöten zur Seite stand. Viele Geflüchtete verzweifeln am Warten, verlieren die Hoffnung, fühlen sich im Stich gelassen, geben auf und verlassen trotz der schweren Flucht, die hinter ihnen liegt, das Land. Syrien liegt zum Großteil in Schutt und Asche, und dennoch wagen einige Flüchtlinge aus Verzweiflung die Rückkehr in die Heimat und zahlen absurderweise nun teilweise erneut Schlepper. Als anerkannte Flüchtlinge dürfen etwa Syrer aus Deutschland legal, zum Beispiel per Flugzeug, nach Griechenland reisen. Schleuser bringen sie dann mit Booten über den Grenzfluss Evros in die Türkei. Wobei es genau wie auf dem Hinweg immer wieder zu Katastrophen kommt. Wie schlecht muss es diesen Menschen gehen, wenn die Rückkehr in die zerstörte Heimat eine Alternative zum Leben in Deutschland ist? Aber vielleicht scheitern viele nicht nur am zermürbenden Warten, sondern auch an der veränderten Stimmung. In den Medien wird kaum noch über Flüchtlinge berichtet. Und wenn, sind die Berichte wenig euphorisch oder gar negativ. Kosten und Kriminalität stehen im Fokus, selten Erfolgsgeschichten. Ich habe das Gefühl, dass die Neigung, alle Ausländer in einen Topf zu werfen, gewachsen ist. Die meisten Kriegsflüchtlinge setzen nicht durch Unsinn oder Straftaten ihre Zukunft in Deutschland aufs Spiel. Aber viele Menschen, gerade in dörflichen Gemeinden oder im Osten des Landes, kennen selbst gar keine Menschen mit Migrationshintergrund. Und beim Klönschnack über den Gartenzaun wird dann leider wenig differenziert.

Von der anfänglichen Euphorie und Hilfsbereitschaft, von der Willkommenskultur, von der Zeit, als »Refugees welcome«-Schilder geschwenkt und Teddybären an Kinder verteilt wurden, ist wenig geblieben. Die Zeit der dramatischen Erste-Hilfe-Maßnahmen ist vorbei, und viele ermüdet das Flüchtlingsthema. Engagierte Ehrenamtliche haben gemerkt, dass Integration keine Frage von Monaten ist, und ziehen sich frustriert zurück, weil keiner der

Flüchtlinge in die Teestube oder zum Nähkurs kommt. Ich glaube, ein Problem vieler Initiativen ist, dass sie für die Geflüchteten, aber nicht mit ihnen gestaltet werden und häufig gar nicht ihren Bedürfnissen entsprechen. Um das zu verstehen, braucht man es sich wieder einmal nur umgekehrt vorzustellen: Ich male mir aus, dass meine Familie in ein arabisches Land geflüchtet ist und nun viele hilfsbereite Menschen versuchen, uns zu unterstützen: Einladung ins Café zum Shisha-Rauchen, Kochkurse, in denen wir lernen, Hummus, Bstella (gefüllte Teigtaschen), Köfte und Kibbeh zuzubereiten, Workshops zum Teppichweben? Vielleicht wäre ich anfangs neugierig, würde mir das ein oder andere Angebot ansehen und die Zeit mit den freundlichen Menschen genießen, aber dann würde ich mich sicher wieder zurückziehen, Zeit mit anderen Deutschen verbringen, wieder Apfelkuchen essen wollen, und meine Jungs würden mit Stöcken versuchen, Hockey auf der Straße zu spielen, statt Oud zu lernen.

Sicher wird es Jahre oder sogar Jahrzehnte dauern, bevor sich die gegenseitigen Kulturen verstehen und akzeptieren, uns das Multikulti-Straßenbild nicht mehr bedrohlich erscheint, sondern zum Alltag gehört und wir erfahren haben, wie Menschen aus vielen Ländern unser Leben bereichern. Natürlich ist es nicht jedem möglich, einen Menschen ins Haus aufzunehmen, aber das Wichtigste für funktionierende Integration ist auf jeden Fall der direkte zwischenmenschliche Kontakt.

Im Interview für den SWR2 fragte die Moderatorin Moaaz: »Wie kam es, dass Adrienne und du in so wenigen Monaten so vertraut miteinander wurden?« Und Moaaz antwortete: »Weil wir zusammen essen, reden, fernsehen, mit dem Hund spazieren gehen. Im ganz normalen Alltag lernt man sich am einfachsten kennen.«

Die Möglichkeit, sich im Alltag zu begegnen, bieten viele tolle Patenprojekte in unterschiedlichsten Formen. Maßgeschneidert auf die Bedürfnisse beider Seiten, bringen sie Interessierte zusammen. Für ein paar Stunden im Monat, in der Woche – wie es eben passt. Aber leider wissen zu wenige Menschen überhaupt davon. Die Zeit der »armen Flüchtlinge« ist vorbei. Keiner mag das Wort mehr hören, Moaaz am wenigsten. Er kriegt jedes Mal eine Krise, wenn er so bezeichnet wird. Wir müssen keine Zahnbürsten oder Winterjacken mehr verteilen. Viele der zu uns gekommenen Menschen beherrschen mittlerweile die deutsche Sprache; jetzt gilt es, die Unis, Lehrstellen, Jobs zu erobern. Es geht nicht mehr ums Retten, sondern darum, unsere Mitmenschen in der individuellen Entwicklung, nach verschiedenartigen und besonderen Begabungen und Fähigkeiten zu unterstützen. Vor allem aber wünsche ich mir und hoffe auch, dass ich mit meinem Buch andere dazu ermutigen kann, sich zu öffnen und neugierig zu sein, zu erkennen, dass jeder Fremde seine eigene Biografie hat, sich nicht von Klischees beherrschen zu lassen, Empathie und Respekt zu zeigen – und zu lächeln!

Zurück zu Moaaz.

Längst hat er sich eingelebt und fühlt sich in Hamburg zu Hause. Er trifft sich mit Freunden an der Alster, bummelt über den Jungfernstieg, streift durch die Straßen in Altona, geht syrisch oder türkisch essen – sein deutsches Lieblingsgericht ist übrigens Spargel mit Sauce hollandaise – und besucht nach wie vor regelmäßig die ehrenamtlichen Lehrerinnen, die ihm die ersten Worte Deutsch vermittelt haben und ihn bis heute liebevoll umsorgen. Auf meine Frage, was für ihn heute leichter sei in Deutschland als vor zwei Jahren, bekam ich wieder so eine typische Moaaz-Antwort: »Ich kann die S-Bahn-Ansagen verstehen. Früher war ich nie ganz sicher, wo ich raus musste oder was ich bei einer Verspätung tun sollte.« Das war's. Weder über die endlosen Flüchtlingsdebatten, die das Land spalten, noch über die veränderte Stimmung verliert Moaaz ein Wort. So wie man auch über die Familie niemals negativ spricht, wird er seine neue Heimat nicht kritisieren.

Immer wieder unterhalten wir uns über das Thema Glauben. Gerade neulich wieder beim Hundespaziergang an der Elbe: »Welchen Sinn hat dein Leben, wenn du nicht an ein Dasein nach dem Tod glaubst? Daran, dass gute Taten im Paradies belohnt werden?«

Ich versuche, mich und meinen ganz eigenen Glauben zu erklären, aber egal was ich sage, Moaaz schüttelt nur lächelnd den Kopf.

Für mich wiederum ist jeden Sommer der Ramadan wieder ein Thema. Als Moaaz uns vor einigen Wochen besuchte, habe ich ihn mitgenommen zu einem Hockeyspiel von Johann. Bei über dreißig Grad in der Sonne eine Herausforderung für Moaaz, der seit dem Morgengrauen keinen Tropfen Wasser getrunken hatte und es bis spät am Abend auch nicht durfte. Ich war voller Sorge, als ich beobachtete, wie schlecht es ihm in der Hitze ging.

»Was ist das für ein Glauben, der Menschen so leiden lässt? Der sogar überlebensnotwendige Flüssigkeitszufuhr verbietet. Wozu soll das gut sein?«, fragte ich ihn wieder mal.

Bei diesem Thema werden wir uns nie einig werden, aber immerhin sind wir uns einig darüber, dass Menschlichkeit und gute Taten wichtig sind im Leben – egal, nach welchem Glauben man lebt.

Und sonst?

Wir alle sind große Fans des deutschen Rocksängers Aki Bosse. Letzten Sommer haben wir zusammen sein Konzert auf der Trabrennbahn in Bahrenfeld besucht. Juri, Johann und ich haben mehr zu Moaaz als auf die Bühne geschaut, weil wir so verwundert waren, wie ausgelassen er allein vor sich hin tanzte.

In diesem Sommer hatten wir viel Spaß bei der WM. Manchmal sahen wir ein Spiel zusammen, und wenn nicht, dann schickten wir uns zwischendurch WhatsApp-Nachrichten mit Tipps oder Prognosen. Einziges Problem: Moaaz fieberte nicht für Deutschland, sondern für Brasilien.

»Als kleiner Junge habe ich schnell gelernt, dass es wenig Sinn macht, Fan von Syrien zu sein«, erklärte er lachend. »Ich habe mich dann für Brasilien entschieden und bin bis heute dabei geblieben.«

Carlo und er sind noch immer dicke Freunde. Als neulich Juri und Johann bei ihrem Vater waren und ich auf Reisen, zog Moaaz für zwei Tage bei uns ein und hütete seinen Lieblingshund.

Auch die Leidenschaft fürs Theater ist geblieben. Jeden Freitag steht Moaaz auf der Bühne im Thalia Theater in der

Gaußstraße – immer dann, wenn die Gruppe »Open Up« probt, und natürlich bei den regelmäßigen Auftritten. Endlich hat Moaaz erfolgreich die letzte Sprachprüfung abgelegt und auch alle Unterlagen zusammen, um sich an der Uni für das Fach Medien und Kommunikation einzuschreiben. Er bat mich neulich, mit ihm gemeinsam die Online-Bewerbung zu Ende auszufüllen. Fünfmal flogen wir dabei aus dem System, weil wir etwas falsch machten, und mussten immer wieder neu anfangen. Wir haben Tränen gelacht über unsere Ungeschicktheit, bis Jonah uns zu Hilfe kam und die Bewerbung in drei Minuten fertig machte.

»Medien sind wichtig, um zu erfahren was überall um uns herum und auf der Welt geschieht«, erklärte Moaaz mir und der Universität seinen Studienwunsch. »Durch Krieg, Flucht und die Jahre, die es gedauert hat, die deutsche Sprache zu lernen, habe ich viel Zeit verloren. Ich wünsche mir so sehr, dass ich nun zum Herbstsemester angenommen werde.« Natürlich drücke auch ich mir beide Daumen wund, dass er einen Platz bekommt.

Von dem Traum, Schauspiel zu studieren, hat Moaaz sich aus Vernunftgründen vorerst verabschiedet, keineswegs jedoch von seinem Traum, Schauspieler zu werden. »Du sagst doch selbst immer: ›Wenn man etwas wirklich will und alle Energie darauf verwendet, gibt es auch einen Weg.‹ Vielleicht werde ich später nach dem Studium mit meinem selbst verdienten Geld eine private Schauspielschule besuchen.«

Moaaz liebt es zu reisen. »Ich träume davon, dass es eines Tages auch für mich keine Grenzen mehr gibt und ich alle Länder der Erde besuchen darf.« Bislang ist der Reise-Radius mit seinem Pass sehr eingeschränkt.

Das Schönste für mich aber ist: Moaaz sieht heute ganz anders aus. Da sind keine Angst und Traurigkeit mehr in seinen Augen, wie damals, als wir uns in der Erstaufnahmeeinrichtung gegenübersaßen. Heute ist sein Blick klar und selbstbewusst. Er weiß, was er will, wo er Unterstützung bekommen kann, wie er leben möchte, und ich bin sicher, dass er seinen Weg gehen wird.

Mittlerweile ist auch Jonah ausgezogen. Er hat eine Ausbildung begonnen und lebt wie Moaaz mit einem Freund in einer WG. Als Moaaz zu uns kam, mussten Juri und Johann sich ein Zimmer teilen, nun haben wir sogar ein Gästezimmer übrig. Was für ein ungewohnter Luxus! Neulich hat mich unser ehemaliges Au-pair-Mädchen aus der Ukraine mit ihrem Mann für ein paar Tage besucht. Hin und wieder bleiben Justus oder Jonah für eine Nacht, und manchmal schläft auch Moaaz hier, etwa nach unseren gemeinsamen Lesungen. Es fühlt sich gut an, ein offenes Haus zu haben.

Dankeschön

Schreiben ist eine recht einsame Leidenschaft. Während ich an diesem Buch arbeitete, hat mich eine bunte Palette verschiedenster Gefühle begleitet: Euphorie und Enthusiasmus, Skepsis und Zweifel, Freude und Frust. Ich möchte mich bei all den Menschen bedanken, die mich in dieser Phase ermutigt, begleitet und unterstützt haben: Bei Marco Carini, der mich an die Hand nahm und seinem Agenten vorstellte. Marco, ohne dich gäbe es dieses Buch überhaupt nicht! Bei meinem Agenten Lars Schultze-Kossack, der sofort von Idee und Thema überzeugt war: Du hast an mich geglaubt, bevor ich das selbst konnte. Bei meiner Lektorin Wiebke Rossa, die mich mit diesen Worten sehr glücklich gemacht hat: »Wir freuen uns, dass Sie sich für unseren Verlag entschieden haben!« Und möchte Ihnen jetzt sagen: »Wie schön, dass *Sie* mich ausgesucht haben!« Angela Kuepper für Austausch und Überarbeitung. Die Gespräche mit Ihnen waren eine Wohltat. An alle meine Freunde: Ihr wart von Anfang an Feuer und Flamme für dieses Projekt und habt interessiert, zugewandt und liebevoll am Entstehungsprozess teilgenommen. Ihr seid ein Geschenk für mich!

An Anke Gasch, Freundin und erste kritische Leserin, die mich mit ihrer positiven Energie immer wieder inspiriert und motiviert hat: Verrätst du mir eines Tages, was du morgens einwirfst, um zwischen Kindern und Kochtöpfen, Redigieren, Schreiben und Coachen deine Kreativität und deinen mitreißenden Optimismus zu erhalten? Du bist für mich ein Phänomen! Astrid Rösel, du hast dir sogar am Sonntag Zeit für mich genommen. Deine intelligenten Kommentare haben mir sehr geholfen. Marion Schmitz, ich bewundere dich von ganzem Herzen, dein persönliches Engagement in der Flüchtlingshilfe ist überwältigend. Ich bin so froh, dass du Moaaz und mir immer mit Rat und Tat zur Seite stehst. Und natürlich danke ich dir, Moaaz, dass du uns dein Herz und mir die Augen für so viel Neues geöffnet hast. Wie schön, dass es dich gibt in unserem Leben! Eine Umarmung an meine Mutter, unsere Großmutter für ihre Toleranz. Auch wenn wir dich manchmal auf die Schippe nehmen: Wir lieben dich alle.

Vor allem aber danke ich meinen Söhnen Justus, Jonah, Juri und Johann, die von Anfang an begeistert waren von der Idee, einem Menschen in Not zu helfen, die sofort bereit waren zusammenzurücken, Zugeständnisse zu machen, und die ohne jegliche Vorurteile und Vorbehalte Moaaz in unser Haus und die Familie aufgenommen haben. Jungs, ich bin sehr stolz auf euch. Ihr seid einfach großartig!

Adressen & Ideen zur Flüchtlingshilfe

Seit Sommer 2015 sind in vielen europäischen Ländern zahlreiche Initiativen entstanden, um Flüchtlingen schnell und unbürokratisch zu helfen.

PRO ASYL bietet einen ersten Überblick verschiedener registrierter Projekte in Deutschland unter https://www.proasyl.de/ehrenamtliches-engagement/ [6.6.2017] sowie unter
PRO ASYL
Postfach 160624
60069 Frankfurt am Main
Tel. +49 (0)69 – 24 23 14 0
Mail: proasyl@proasyl.de

Auch auf der Karte der Tagesschau »Integration von Flüchtlingen – Gute Ideen bundesweit« finden sich verschiedenste Initiativen: https://www.tagesschau.de/fluechtlingsprojekte/ [6.6.2017]

Sachspenden nehmen (meist auf Anfrage) das Deutsche Rote Kreuz, die Caritas und die Diakonie entgegen; die Annahmestellen sind jeweils vor Ort zu erfragen.

Darüber hinaus haben sich zahlreiche private Organisationen gebildet, die sich bundesweit, europaweit und bis in die Türkei, den Irak, Libanon und den Jemen hin mit Sachspenden und Hilfsprojekten einsetzen, wie zum Beispiel:

Hanseatic Help Hamburg
https://www.hanseatic-help.org
Kontakt: info@hanseatic-help.org

Heimatstern e. V. – Flüchtlingshilfe in München
www.heimatstern.org
Kontakt: info@heimatstern.org

Tausende Freiwillige haben sich in den Kommunen, Kirchen und sozialen Netzwerken organisiert. Wer Zeit spenden möchte, findet dort zahlreiche Möglichkeiten oder bringt sich selber mit einer Idee ein. Austausch von Mensch zu Mensch ist möglich beim: Kochen, Grillen, Picknick, Gärtnern, Handarbeiten über Bücherspenden, Übersetzungen, rechtlichen Beistand (Refugee Law Clinics), technische Hilfe, App-Entwicklung bis hin zur Musik, Kunst, Literatur, Wandern, Radfahren …

Weitere Integrationsprojekte und Informationen:

Wie kann ich helfen – Informationsportal über
Hilfsprojekte für Flüchtlinge in Deutschland
http://wie-kann-ich-helfen.info

BAMF – Bundesamt für Migration und Flüchtlinge:
http://www.bamf.de/DE/Startseite/startseite-node.html [6.6.2017]

Die Autorin unterstützt mit einem Anteil des Erlöses aus dem Verkauf dieses Buches die **Til Schweiger Foundation**.

Sport, Ernährung, Bildung – die Til Schweiger Foundation unterstützt Projekte für Kinder und Jugendlichen in Not, egal woher sie kommen. 2015, während des Flüchtlingsansturms, ging es vor allem darum, Erste Hilfe zu leisten. Heute stehen Projekte zur traumatherapeutischen Arbeit und zur Integration im Vordergrund: »Fußball trifft Kultur«, »Bunt kickt gut«, »Musikzimmer für Flüchtlinge«, »Hip Hop Kurse für Kids«, »Neue Arche für Flüchtlingskinder«, Sprachförderung und viele andere.

Adrienne Friedlaender: »Das Überzeugende an dieser Foundation ist, dass ständig neue Projekte dazukommen, die den aktuellen Bedürfnissen der Kinder und Jugendlichen entsprechen. Dazu können sich Organisationen und Kinder in Not jederzeit an die Foundation wenden und um das bitten, was sie brauchen.«

Quellenverzeichnis

Lamya Kaddor und Rabeya Müller: »Der Islam für Kinder und Erwachsene«, München 2012.

Syrische Nationalhymne »Humat ad-Diyar«. Text von Khalil Mardam Bey. Deutsche Übersetzung zitiert nach: https://de.wikipedia.org/wiki/Humat_ad-Diyar [06.06.2017]

Basishygiene im Islam. Zitiert nach: www.islamfatwa.de/Kleidung-Schmuck/101-Koerperpflege-a-kosmetik/654-basis-hygiene-im-islam

Jerry Braza: »Achtsamkeit – leben im Augenblick«, Frankfurt 1999.

Altamasch Noor (Autor und Regie): »Und Jetzt?«, Theaterstück, aufgeführt in der »Garage«/Thalia Theater Hamburg. Premiere: 21. Juni 2016.

Antoine de Saint-Exupéry: »Der kleine Prinz«, Düsseldorf 2016.

»Die Rolle der Frau im Islam«, Planet Wissen, WDR, 13.05.2015; http://www.planet-wissen.de/kultur/religion/islam/pwiedierollederfrauimislam100.html [06.06.2017]

Der Koran, An-Nisa, Sure 4:34. Siehe: http://www.islam.de/1411.php [06.06.2017]

Der Koran, Al-Maída, Sure 5:3. Siehe: http://www.islam.de/1411.php [06.06.2017]

4. Buch Mose, 31,17-18. Siehe: http://www.bibelwissenschaft.de/online-bibeln/luther-bibel-1984/lesen-im-bibeltext/bibel/text/lesen/stelle/4/310001/329999/ch/f292acd0d85cea233c064d4e1c906b47/ [06.06.2017]

Zur Aufgabenverteilung von Mann und Frau in der Familie siehe z. B. http://www.islamisches-zentrum-muenchen.de/html/islam_-_frau_und_familie.html#02 [06.06.2017]

Was geht noch und wenn Ja, wie oft? Es ist nie zu spät, um mit Mut und ohne Plan glücklich zu werden!

224 Seiten. ISBN 978-3-7645-0684-1

Partner finden, Hochzeit feiern, Kinder kriegen und dann glücklich bis ans Ende aller Tage? Von wegen. Das Leben ist nicht planbar und die Liebe noch viel weniger … Aber muss man deswegen gleich den Kopf in den Sand stecken? NEIN, sagt Adrienne Friedlaender und schreibt mit Witz und erfrischender Ehrlichkeit übers Leben, das Suchen und Finden der Liebe, das Älterwerden und was das alles miteinander zu tun hat. Denn: Auch Sie haben genau jetzt das richtige Alter, Sie müssen nur noch rauskriegen, wofür! Ein Buch für Frauen, die vom Leben zurück auf Start geschickt wurden und vor der Frage stehen: Und jetzt? Was will ich und was geht da noch. Ein Buch zum Mitheulen, Mitlachen, Mutmachen.

Lesen Sie mehr unter: **www.blanvalet.de**

WeLove

blanvalet

www.blanvalet.de

facebook.com/blanvalet

twitter.com/BlanvaletVerlag